Spanisch
für die Reise

Die wichtigsten Wörter & Sätze für unterwegs

W0086072

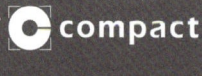

Bisher sind in dieser Reihe erschienen:

- Sprachführer Englisch für die Reise
- Sprachführer Französisch für die Reise
- Sprachführer Italienisch für die Reise
- Sprachführer Spanisch für die Reise

Bildnachweis
fotolia: goodluz 9; Lev 33; Deklofenak 59; Butch 173; Bombaert Patrick 241; nikitos77 246; nito 246; Africa Studio 247; Alexander Raths 247; Anna Kucherova 248; gtranquillity 248; oksix 248; picsfive 248, 249; Dmytro Sukharevskyy 249; Friedberg 249; gavran333 249; Marius Graf 249; DAN 250; Monika 3 Steps Ahead 250, 251; Ariwasabi 252, 253; Mirko Raatz 255; Tom Bird 255
iStockphoto: John Pavel 107; traveler1116 127; Henrik Jonsson 256
shutterstock: Phil Date 81; SurangaWeeratunga 133; juan ignacio laboa 155; Dudarev Mikhail 181; D7INAMI7S 242–245; Elena Schweitzer 244, 245; Picsfive 246; Ami Parikh 246, 247; Dmitrij Skorobogatov 247; Feng Yu 247; Smit 246, 247; Jaroslaw Grudzinski 248; studioVin 250; vovan 250; monika3steps 250, 251; Alexlukin 251; gbautista87 251; Abramova Kseniya 254; photomaster 254, 255; panbazil 254, 255
Icons Cover: joingate; Icons Kolumne: VectorForever

© Compact Verlag GmbH
Baierbrunner Straße 27, 81379 München
Ausgabe 2015
4. Auflage

Text: Mike Hillenbrand, Francesca Angrisano
Chefredaktion: Dr. Matthias Feldbaum
Redaktion: Kerstin Nußhart
Fachkorrektur: Dr. José Cárdenes, Elena Martínez Muñoz
Produktion: Ute Hausleiter
Titelabbildungen: shotshop: lianem; fotolia: K.C.
Umschlaggestaltung: X-Design, München

ISBN 978-3-8174-8840-7
381748840/4

www.compactverlag.de

Inhaltsverzeichnis

Aussprache

Wörter, die auf einen Vokal, -n oder -s enden, werden meist auf der vorletzten Silbe betont. Alle anderen Wörter werden auf der letzten Silbe betont, es sei denn, sie tragen einen Akzent. Dann zeigt dieser an, wo das Wort betont wird.

Lautschrift

Das Betonungszeichen (') steht jeweils vor der Silbe, die betont werden muss.

Konsonanten

<u>B</u>all	b	<u>b</u>oca	
	β	ca<u>b</u>ina	
<u>d</u>ort	d	<u>d</u>inero	
	ð	tar<u>d</u>e	
<u>f</u>liehen, <u>v</u>or	f	<u>f</u>iesta	
<u>g</u>eben	g	<u>g</u>anar	
<u>j</u>eder, Milli<u>o</u>n	j	a<u>y</u>er	
<u>K</u>amm, <u>Ch</u>or	k	<u>c</u>aso	
<u>L</u>ob	l	<u>l</u>engua	
	ʎ	desarro<u>ll</u>o	
<u>M</u>aus	m	<u>m</u>ayo	
<u>n</u>ehmen	n	<u>n</u>ada	
	ɲ	sue<u>ñ</u>o	
<u>a</u>ngeln, li<u>n</u>ks	ŋ	ba<u>n</u>co	
<u>P</u>ost	p	<u>p</u>unto	
<u>R</u>and	r	pe<u>r</u>o	
	rr	to<u>rr</u>e	
be<u>ss</u>er, Ru<u>ß</u>	s	me<u>s</u>a	
<u>Tsch</u>üss	tʃ	lu<u>ch</u>a	
<u>t</u>reten, Pfa<u>d</u>	t	<u>t</u>oro	
Na<u>ch</u>t	x	<u>j</u>efe	
	θ	<u>c</u>ivil, <u>z</u>umo	

Vokale

bl<u>a</u>ss	a	d<u>a</u>ma	
<u>e</u>gal	e	m<u>e</u>ter	
Vitam<u>i</u>n	i	ni<u>ñ</u>o	
<u>j</u>eder	j	notic<u>i</u>a	
	j	f<u>i</u>esta	
M<u>o</u>ral	o	p<u>o</u>co	
Z<u>u</u>nge	u	<u>u</u>no	
	w	deud<u>a</u>,	
		m<u>u</u>y	

Bitte!	**¡Por favor!**	[por fa'βor]
Danke!	**¡Gracias!**	['graθjas]
Ja!	**¡Sí!**	[si]
Nein!	**¡No!**	[no]
Vielleicht!	**¡Quizá(s)!**	[ki'θa(s)]
Natürlich!	**¡Claro!**	['klaro]
Guten Morgen!	**¡Buenos días!**	['bwenos 'dias]
Guten Tag!	**¡Buenos días!**	['bwenos 'dias]
Guten Abend!	**¡Buenas tardes!**	['bwenas 'tarðes]
Gute Nacht!	**¡Buenas noches!**	['bwenas 'notʃes]
Hallo!	**¡Hola!**	['ola]
Wie geht's?	**¿Qué tal?**	[ke tal]
Schön, Sie zu sehen!	**¡Qué alegría verle!**	[ke ale'gria 'berle]
Tschüss!	**¡Hasta luego!**	['asta 'lwego]
Auf Wiedersehen!	**¡Adiós!**	[a'ðjos]
Bis bald!	**¡Hasta pronto!**	['asta 'pronto]
Bis morgen!	**¡Hasta mañana!**	['asta ma'nana]
Alles Gute!	**¡Qué le vaya bien!**	[ke le 'baja 'bjen]
Ich verstehe nicht.	**No entiendo.**	[no en'tjendo]
Wie bitte?	**¿Cómo dice?**	['komo 'diθe]
Ich spreche kein ...	**No hablo...**	[no 'aβlo ...]
Sprechen Sie bitte langsamer.	**Hable más despacio, por favor.**	['aβle mas des'paθjo por fa'βor]
Ich kann Ihnen nicht folgen.	**Perdone, no consigo entenderle.**	[per'ðone no kon'sigo enten'derle]
Können Sie das noch einmal wiederholen?	**¿Podría repetir, por favor?**	[po'ðria rrepe'tir por fa'βor]
Könnten Sie mir das bitte aufschreiben?	**¿Me lo podría escribir, por favor?**	[me lo po'ðria eskri'βir por fa'βor]
Entschuldigung.	**Perdone.**	[per'ðone]
Das tut mir leid.	**Lo siento.**	[lo 'sjento]
Zum Flughafen.	**Al aeropuerto.**	[al aero'pwerto]
Zum Hotel ..., bitte.	**Al hotel..., por favor.**	[al o'tel ... por fa'βor]

Mein Name ist ...	**Me llamo...**	[me ˈʎamo ...]
Ich brauche ...	**Necesito...**	[neθeˈsito ...]
Ich möchte ...	**Quisiera...**	[kiˈsjera ...]
Ich hätte gerne eine Fahrkarte nach ...	**Quería un billete a...**	[keˈria un biˈʎete a ...]
Ich möchte einen Tisch reservieren.	**Quería reservar una mesa.**	[keˈria rreserˈβar ˈuna ˈmesa]
Ich bin hungrig/durstig.	**Tengo hambre/sed.**	[ˈteŋgo ˈambre/seð]
Die Rechnung, bitte!	**La cuenta, por favor.**	[la ˈkwenta por faˈβor]
Ich möchte ... Euro wechseln.	**Deseo cambiar... euros.**	[deˈseo kamˈbjar ... ˈeuro]
Ich möchte gerne einen Stadtplan.	**Quisiera un plano de la ciudad.**	[kiˈsjera un ˈplano de la θjuˈðað]
Ich möchte ... besichtigen.	**Deseo visitar...**	[deˈseo bisiˈtar ...]
Guten Appetit!	**¡Buen provecho!**	[ˈbwen proˈβetʃo]
morgen	**mañana**	[maˈɲana]
gestern	**ayer**	[aˈjer]
geradeaus	**todo recto**	[ˈtoðo ˈrrekto]
rechts	**a la derecha**	[a la deˈretʃa]
links	**a la izquierda**	[a la iθˈkjerða]
hinten	**detrás**	[deˈtras]
vorne	**delante**	[deˈlante]
oben	**arriba**	[aˈrriβa]
unten	**abajo**	[aˈβaxo]
nah	**cerca**	[θerˈka]
weit	**lejos**	[ˈlexos]

Wichtige Fragen

Sprechen Sie Deutsch?	**¿Habla usted alemán?**	[ˈaβla usˈteð aleˈman]
Verstehen Sie Deutsch?	**¿Entiende usted el alemán?**	[enˈtjende usˈteð el aleˈman]

Können Sie mir helfen?	¿Me podría ayudar?	[me po'ðria a'juðar]
Wo ist die nächste Telefonzelle?	¿Dónde hay una cabina por aquí?	['donde aj 'una ka'βina por a'ki]
Ist ... da?	¿Está...?	[es'ta ...]
Wie komme ich nach ...?	¿Cómo se va a...?	['komo se ba a ...]
Wo ist die nächste Tankstelle?	¿Dónde está la próxima gasolinera?	['donde es'ta la 'progsima gasoli'nera]
Welche Linie fährt nach ...?	¿Qué línea va a...?	[ke 'linea ba a ...]
Wo ist das Hotel ...?	¿Dónde está el hotel ...?	['donde es'ta el o'tel ...]
Sind noch Zimmer frei?	¿Quedan habitaciones libres?	['keðan aβita'θjones 'liβres]
Wie lang haben Sie geöffnet?	¿Hasta qué hora tienen abierto?	['asta ke 'ora 'tjenen a'βjerto]
Wo ist der nächste Geldautomat?	¿Dónde está el próximo cajero automático?	['donde es'ta el 'progsimo ka'xero auto'matico]
Was kostet der Eintritt?	¿Cuánto cuesta la entrada?	['kwanto 'kwesta la en'traða]
Ist das der Weg nach ...?	¿Es este el camino a...?	[es 'este el ka'mino a ...]
Wann?	¿Cuándo?	['kwando]
Warum?	¿Por qué?	[por ke]
Was?	¿Qué?	[ke]
Welche/r/s?	¿Cuál?	['kwal]
Wer?	¿Quién?	['kjen]
Wie?	¿Cómo?	['komo]
Wo?	¿Dónde?	['donde]
Woher?	¿Desde dónde?	['desðe 'donde]
Wohin?	¿Hacia dónde?	['aθja 'donde]
Wie oft?	¿Cuántas veces?	['kwantas 'beθes]
Wie lange?	¿Cuánto tiempo?	['kwanto 'tjempo]

Haben Sie ...?	¿Tenéis...?	[te'neis ...]
Wo steht ...?	¿Dónde está...?	['donde es'ta ...]
Was kostet ...?	¿Cuánto cuesta...?	['kwanto 'kwesta ...]
Kennen Sie einen Arzt/Kinderarzt?	¿Conoce usted un médico/un pediatra?	[ko'noθe us'teð un 'meðiko/un pe'ðjatra]
Wo ist das nächste Polizeirevier?	¿Dónde está la comisaría más cercana?	['donde es'ta la comisa'ria mas θer'kana]
Können Sie mir ein Taxi rufen?	¿Me podría llamar a un taxi, por favor?	[me po'ðria ʎa'mar a un 'tagsi]
Wo sind hier die Toiletten?	¿Hay un baño por aquí?	['aj un 'baɲo por 'a'ki]

Für den Notfall

Achtung!	¡Atención!	[aten'θjon]
Vorsicht!	¡Cuidado!	[kwi'ðaðo]
Hilfe!	¡Socorro!	[so'korro]
Feuer!	¡Fuego!	['fwego]
Polizei!	¡Policía!	[poli'θia]
Rufen Sie einen Arzt!	¡Por favor, llamen a un médico!	[por fa'βor, 'ʎamen a un 'meðiko]
Rufen Sie einen Krankenwagen!	¡Por favor, llamen a una ambulancia!	[por fa'βor, 'ʎamen a una ambu'lanθja]
Diesem Mann/dieser Frau geht es nicht gut!	¡Este señor/esta señora no se encuentra bien!	['este se'ɲor/'esta se'ɲora no se eɲ'kwentra 'bjen]
Wo tut es weh?	¿Dónde le duele?	['donde le 'dwele]
Ich bin bestohlen worden!	¡Me han robado!	[me an rro'βaðo]
Ich habe ... verloren.	He perdido...	[e per'ðiðo ...]
Rufen Sie die Polizei!	¡Llamen a la policía!	['ʎamen a la poli'θia]

Sprechen & Verstehen

Guten Morgen!	**¡Buenos días!**	[ˈbwenos ˈdias]
Guten Tag!	**¡Buenos días!**	[ˈbwenos ˈdias]
Guten Abend!	**¡Buenas tardes!**	[ˈbwenas ˈtarðes]
Gute Nacht!	**¡Buenas noches!**	[ˈbwenas ˈnotʃes]
Hallo!	**¡Hola!**	[ˈola]
Darf ich euch bekannt machen?	**¿Os puedo presentar?**	[os ˈpweðo presenˈtar]
Freut mich.	**Encantado/a.**	[eŋkanˈtaðo]
Wie geht es Ihnen?	**¿Qué tal?**	[ke tal]
Danke. Und Ihnen?	**Gracias, ¿y usted?**	[ˈgraθjas, i usˈteð]
Ich heiße …	**Me llamo…**	[me ˈʎamo …]
Ich komme aus …	**Soy de…**	[soj de …]
Woher kommen Sie?	**¿De dónde es usted?**	[de ˈdonde es usˈteð]
Wie lange bleiben Sie?	**¿Cuánto tiempo se queda usted aquí?**	[ˈkwanto ˈtjempo se ˈkeða usˈteð aˈki]

Sind Sie zum ersten Mal hier?	**¿Es su primera vez aquí?**	[es su pri'mera beθ a'ki]
Viel Vergnügen!	**¡Que lo pase bien!**	[ke lo 'pase 'bjen]
Ich wünsche Ihnen einen angenehmen Aufenthalt!	**¡Le deseo una bonita estancia!**	[le de'seo 'una bo'nita es'tanθja]
Grüßen Sie/Grüß ... von mir.	**¡Muchos saludos de mi parte!**	['mutʃos sa'luðos de mi 'parte]
Kommen Sie wieder (zu uns).	**¡Vuelva a vernos!**	['bwelβa a a 'bernos]
Auf Wiedersehen!	**Adiós.**	[a'dios]
Ich schreibe dir!	**Te escribiré.**	[te eskriβi're]
Alles Gute!	**¡Que le vaya bien!**	[ke le 'baja 'bjen]
Bis morgen!	**¡Hasta mañana!**	['asta ma'nana]
Gute Reise!	**¡Buen viaje!**	['bwen bi'axe]
Tschüss!	**¡Hasta luego!**	['asta 'lwego]
Bis später!	**¡Hasta luego!**	['asta 'lwego]

anrufen	**llamar por teléfono**	[ʎaˈmar por teˈlefono]
Frau	**mujer** *f*	[muˈxer]
Freund	**amigo** *m*	[aˈmigo]
Freundin	**amiga** *f*	[aˈmiga]
gehen	**ir**	[ir]
grüßen	**saludar**	[saluˈðar]
Herr	**señor** *m*	[seˈɲor]
kennenlernen	**conocer**	[konoˈθer]
kommen	**venir**	[beˈnir]
Mann	**hombre** *m*/ **marido** *m*	[ˈombre/ maˈrido]
meine Damen	**señoras** *f pl*	[seˈɲoras]
meine Herren	**señores** *m pl*	[seˈɲores]
Nachname	**apellido** *m*	[apeˈʎiðo]
Name	**nombre** *m*	[ˈnombre]
Sohn	**hijo** *m*	[ˈixo]
Tochter	**hija** *f*	[ˈixa]
verabreden	**citarse**	[θiˈtarse]
verabschieden	**despedirse**	[despeˈðirse]
Vorname	**nombre** *m*	[ˈnombre]

In Spanien duzt man sich wesentlich öfter als in Deutschland. In Geschäften, öffentlichen Büros und im Beruf verzichtet man meistens auf die Höflichkeitsformen. Die einfachste Form des Grußes zu jeder Uhrzeit ist: „¡Hola! ¿Qué tal?", „¡Buenos días!" sagt man am Vormittag bis ca. 14:00 Uhr, „¡Buenas tardes!" ist der Gruß von 14:00 bis ca. 20:00 Uhr, „¡Buenas noches!" gebraucht man ab ca. 20:00 Uhr.

Wie bitte?	**¿Cómo dice?**	[ˈkomo ˈdiθe]
Ich habe nicht alles verstanden.	**No lo he entendido todo.**	[no lo e entenˈtiðo ˈtoðo]
Verstehen Sie mich?	**¿Me entiende?**	[me enˈtjende]
Ich verstehe Sie nicht.	**No le entiendo.**	[no le enˈtjendo]
Könnten Sie das für mich übersetzen?	**¿Me lo podría traducir, por favor?**	[me lo poˈðria traduˈθir por faˈβor]
Könnten Sie mir das bitte aufschreiben?	**¿Me lo podría escribir, por favor?**	[me lo poˈðria eskriˈβir por faˈβor]
Bitte sprechen Sie etwas langsamer.	**Hable un poquito más despacio, por favor.**	[ˈaβle un poˈkito mas desˈpaθjo por faˈβor]
Können Sie mir helfen?	**¿Me podría ayudar?**	[me poˈðria ajuˈðar]
Buchstabieren/ Wiederholen Sie das bitte.	**¿Me lo podría deletrear/repetir, por favor?**	[me lo poˈðria deletreˈar/rrepeˈtir por faˈβor]

Was bedeutet das?	**¿Qué quiere decir?**	[ke ˈkjere deˈθir]
Was heißt … auf Deutsch/Spanisch/Französisch?	**¿Qué significa… en alemán/español/francés?**	[ke signiˈfika … en aleˈman/ espaˈɲol/franˈθes]
Wie spricht man dieses Wort aus?	**¿Cómo se pronuncia esta palabra?**	[ˈkomo se proˈnunθja ˈesta paˈlaβra]
Glückwunsch!	**¡Felicidades!**	[feliθiˈðaðes]
Das ist eine groß-artige Nachricht!	**¡Estupendo, esta es una buena noticia!**	[estuˈpendo, ˈesta es ˈuna ˈbwena noˈtiθja]
Das tut mir wirklich leid.	**Lo siento mucho, de verdad.**	[lo ˈsjento ˈmutʃo de berˈðað]
Das ist eine schreck-liche Nachricht.	**Esta es una mala noticia.**	[ˈesta es ˈuna ˈmala noˈtiθja]
Das ist mir peinlich.	**Me da vergüenza.**	[me da berˈgwenθa]
Es ist bedauerlich, dass …	**Es una pena que…**	[es ˈuna ˈpena ke …]
Es tut mir leid.	**Lo siento.**	[lo ˈsjento]

Das macht nichts.	**No importa.**	[no imˈporta]
Darf ich?	**¿Puedo?**	[ˈpweðo]
Bitte sehr!	**Por favor.**	[por faˈβor]
Ja, bitte.	**Sí, por favor.**	[si por faˈβor]
Nein, danke.	**No, gracias.**	[no ˈgraθjas]
Wie bitte?	**¿Cómo dice?**	[ˈkomo ˈdiθe]
Sehr gut!	**¡Muy bien!**	[mwi ˈbjen]
Gern geschehen!	**Lo he hecho encantado/-a.**	[lo e ˈetʃo eŋkanˈtaðo/a]
Viel Vergnügen!	**¡Que lo pase bien!**	[ke lo ˈpase ˈbjen]
Vielen Dank.	**Muchas gracias.**	[ˈmutʃas ˈgraθjas]
Danke gleichfalls.	**Gracias, igualmente.**	[ˈgraθjas, igwalˈmente]
Ich glaube, dass …	**Creo que…**	[ˈkreo ke …]
Ich könnte mir vorstellen …	**Me podría imaginar…**	[me poˈðria imaxiˈnar …]

Ich möchte sagen, dass …	**Quiero decir que…**	[ˈkjero deˈθir ke …]
Ich gehe davon aus, dass …	**Parto de que…**	[ˈparto de ke …]
Aufrichtig gesprochen …	**En honor a la verdad…**	[en oˈnor a la berˈðað …]
Eigentlich …	**En realidad…**	[en rrealiˈðað …]
Da haben Sie mich falsch verstanden.	**Creo que usted no me ha entendido muy bien.**	[ˈkreo ke usˈteð no me a entenˈdiðo ˈmwi ˈbjen]
Das war ein Missverständnis.	**Ha sido un malentendido.**	[a ˈsiðo un malentenˈdiðo]
Man könnte sagen, dass …	**Se podría decir que…**	[se poˈðria deˈθir ke …]
Auf keinen Fall.	**De ninguna manera.**	[de niŋˈguna maˈnera]
Das geht doch nicht.	**Eso no puede ser.**	[ˈeso no ˈpweðe ser]
Ich weiß noch nicht.	**Todavía no lo sé.**	[toðaˈβia no lo se]
Wie schade.	**Qué pena.**	[ke ˈpena]

Abschied	**despedida** *f*	[despeˈðiða]
Absicht	**intención** *f*	[intenˈθjon]
Akzent	**acento** *m*	[aˈθento]
andererseits	**por otro lado**	[por ˈotro ˈlaðo]
antworten	**contestar**	[kontesˈtar]
Antwort	**respuesta** *f*	[rresˈpwesta]
aufschreiben	**escribir**	[eskriˈβir]
ausdrücken	**expresar**	[espreˈsar]
Aussprache	**pronunciación** *f*	[pronunθjaˈθjon]
aussprechen	**pronunciar**	[pronunˈθjar]
beabsichtigt	**previsto**	[preˈbisto]
bedauern	**lamentar**	[lamenˈtar]
Bedenken	**dudas** *f pl*	[ˈduðas]
Bild	**foto** *f*/**cuadro** *m*	[ˈfoto/ˈkwaðro]

„Hasta la vista" ist zwar ein sehr bekannter Ausruf, er wird aber von Spaniern so gut wie gar nicht verwendet. Stattdessen verabschieden sich Muttersprachler mit „Hasta luego" (Bis bald!).

Dialekt	**dialecto** *m*	[djaˈlekto]
Dolmetscher	**intérprete** *m/f*	[inˈterprete]
Einladung	**invitación** *f*	[inbitaˈθjon]
falsch verstehen	**entender mal**	[entenˈder mal]
flüstern	**susurrar**	[susuˈrrar]
fragen	**preguntar**	[pregunˈtar]
Frage	**pregunta** *f*	[preˈɡunta]
Freude	**alegría** *f*	[aleˈɡria]
Gespräch	**conversación** *f*	[konβersaˈθjon]

Gestik	**gesticulación** *f*	[xestikulaˈθjon]
gestikulieren	**gesticular**	[xestikuˈlar]
Glückwunsch	**felicidades** *f pl*	[feliθiˈðaðes]
herzlich	**entrañable**	[entraˈɲaβle]
Hinweis	**indicación** *f*	[inðikaˈθjon]
Information	**información** *f*	[informaˈθjon]
informieren	**informar**	[inforˈmar]
Inhalt	**contenido** *m*	[konteˈniðo]
Körpersprache	**lenguaje** *m*	[lenˈguaxe
	corporal	[korpoˈral]
langsam	**despacio**	[desˈpaθjo]
laut	**alto**	[ˈalto]
leise	**bajito**	[baˈxito]
lesen	**leer**	[leˈer]
Mimik	**mímica** *f*	[ˈmimika]
Missverständnis	**malentendido** *m*	[malentenˈdiðo]
missverstehen	**malentender**	[malentenˈder]
nachlesen	**verificar**	[berifiˈkar]
Nachricht	**recado** *m*	[rreˈkaðo]
Notizblock	**bloc** *m* **de notas**	[blok de ˈnotas]
Notiz	**noticia** *f*	[noˈtiθja]
Peinlichkeit	**vergüenza** *f*	[berˈgwenθa]
Pfeil	**flecha** *f*	[ˈfletʃa]
Problem	**problema** *m*	[proˈβlema]
rufen	**llamar**	[ʎaˈmar]
sagen	**decir**	[deˈθir]
schnell	**rápido**	[ˈrrapiðo]
schreien	**gritar**	[griˈtar]
sehr gut	**muy bien**	[mwi ˈbjen]
sprechen	**hablar**	[aˈβlar]

stottern	**tartamudear**	[tartamuðeˈar]
Streit	**pelea** *f*	[peˈlea]
träumen von	**soñar con**	[soˈɲar kon]
übersetzen (Schiff)	**pasar**	[paˈsar]
unterbrechen	**interrumpir**	[interrumˈpir]
verstehen	**comprender**	[komprenˈder]
Verständnis-schwierigkeit	**dificultad** *f* **de entenderse**	[difikulˈtað de entenˈderse]
Verständnis	**comprensión** *f*	[komprenˈsjon]
Verzeihung	**perdón** *m*	[perˈðon]

Toiletten bezeichnet man im Spanischen als „aseo", „lavabo" oder „servicios". Es ist üblich, ein Trinkgeld für das Reinigungspersonal zu hinterlassen.

viel	**mucho**	[ˈmutʃo]
Vokabel	**vocablo** *m*	[boˈkaβlo]
wenig	**poco**	[ˈpoko]
wiederholen	**repetir**	[rrepeˈtir]
wissen	**saber**	[saˈβer]
Wort	**palabra** *f*	[paˈlaβra]
wunderschön	**maravilloso**	[maraβiˈʎoso]
wundervoll	**maravilloso**	[maraβiˈʎoso]
Wörterbuch	**diccionario** *m*	[diɡθjoˈnarjo]
zeigen	**mostrar**	[mosˈtrar]
Zettel	**nota** *f*	[ˈnota]
zufrieden	**contento**	[konˈtento]

Fettnäpfchen

Selbst wenn man eine Fremdsprache perfekt beherrscht, kann es doch passieren, dass man ungewollt in Fettnäpfchen tritt, weil man die Gepflogenheiten des jeweiligen Gastlandes nicht kennt.

Im Allgemeinen sind Spanier zwar pünktlich, jedoch gibt es regionale Unterschiede, nach denen man sich richten sollte. Bei einer Einladung ins private Heim eines Spaniers kommt man immer ca. 15 Minuten später als verabredet und bringt eine Kleinigkeit mit. Oft wird man aber auch gar nicht nach Hause eingeladen. Spanier treffen Freunde und Bekannte viel lieber in Bars und Restaurants als in den privaten vier Wänden.

In Deutschland bezahlt in der Regel jeder an der Bar oder im Restaurant genau das, was er auch tatsächlich verzehrt hat. In Spanien werden Rechnungen an der Bar von einer Person beglichen. Die darauf folgende Runde geht dann an eine andere Person. Bei Restaurantbesuchen mit Freunden und Bekannten teilt man den Gesamtrechnungsbetrag einfach durch die Anzahl der anwesenden Personen, egal, wie viel jeder einzelne konsumiert hat.

Was das Trinkgeld angeht, so wird nicht wie in Deutschland aufgerundet. Stattdessen hinterlässt man beim Gehen den passenden Betrag – etwa fünf bis zehn Prozent gelten als angemessen.

Genau wie in Deutschland sind die Themen, über die in Spanien unter Freunden gesprochen wird, sehr weit gefächert. Jedoch sollte man Gespräche über den Nationalismus in Katalonien und im Baskenland, den dort herrschenden Terrorismus und die Zeit der Francodiktatur vermeiden.

Diese Themen setzen bei dem deutschen Besucher gute Geschichtskenntnisse voraus und treffen beim spanischen Gesprächspartner auf wenig Gegenliebe.

Wie heißen Sie?/ Wie heißt du?	**¿Cómo se llama?/ ¿Como te llamas?**	[ˈkomo seˈʎama/ ˈkomo te ˈʎamas]
Ich heiße ...	**Me llamo...**	[me ˈʎamo ...]
Was sind Sie von Beruf?	**¿Qué hace?**	[ke ˈaθe]
Was studieren Sie?	**¿Qué estudia?**	[ke esˈtuðja]
Wie alt sind Sie?/ Wie alt bist du?	**¿Cuántos años tiene?/tienes?**	[ˈkwantos ˈaɲos ˈtjene/ˈtjenes]
Woher kommen Sie?	**¿De dónde es?**	[de ˈdonde es]
Wie geht's?	**¿Qué tal?**	[ke tal]
Sehr gut, danke.	**Muy bien, gracias.**	[mwi ˈbjen ˈgraθjas]
Nicht so gut.	**Pues, no muy bien.**	[pwes no mwi bjen]
Mögen Sie Sport?	**¿Le gusta el deporte?**	[le ˈgusta el deˈporte]
Haben Sie Feuer?	**¿Tiene fuego?**	[ˈtjene ˈfwego]

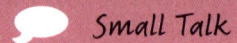

Möchten Sie eine Zigarette?	**¿Quiere un cigarrillo?**	[ˈkjere un θigaˈrriʎo]
Hast du Lust, mich zu einer Party zu begleiten?	**¿Tienes ganas de acompañarme a una fiesta?**	[ˈtjenes ˈganas de akompaˈɲarme a ˈuna ˈfjesta]
Wundervoll. Ich werde gerne kommen.	**Estupendo. Iré con mucho gusto.**	[estuˈpendo iˈre kon ˈmutʃo ˈgusto]
Tut mir leid, aber ich kann leider nicht kommen.	**Lo siento mucho pero no puedo ir.**	[lo ˈsjento ˈmutʃo ˈpero no ˈpweðo ir]
Entschuldigen Sie die Verspätung.	**Perdone el retraso.**	[perˈðone el rreˈtraso]
Darf ich mich setzen?	**¿Puedo sentarme?**	[ˈpweðo senˈtarme]
Es tut mir leid, hier ist besetzt.	**Lo siento, está ocupado.**	[lo ˈsjento esˈta okuˈpaðo]
Setzen Sie sich.	**Siéntese.**	[ˈsjentese]
Störe ich?	**¿Molesto?**	[moˈlesto]
Nein, du störst/Sie stören überhaupt nicht.	**No, no molestas/ molesta en absoluto.**	[no no moˈlestas/ moˈlesta en aβsoˈluto]

Haben Sie Lust, mich zu begleiten?	**¿Quiere acompañarme?**	[ˈkjere akompaˈɲarme]
Darf ich Sie/dich nach Hause bringen?	**¿Puedo llevarle/ llevarte a casa?**	[pweðo ʎeˈβarle/ ʎeˈβarte a ˈkasa]
Möchten Sie tanzen?	**¿Quiere usted bailar?**	[ˈkjere usˈteð baiˈlar]
Sehr gerne.	**Con mucho gusto.**	[kon ˈmutʃo ˈgusto]
Möchten Sie am ... mit uns zu Abend essen?	**¿Quiere usted cenar con nosotros el...?**	[ˈkjere usˈteð θeˈnar kon noˈsotros el ...]
Mit Vergnügen.	**Encantado/-a.**	[eŋkanˈtaðo/a]
Ich bin auf dem Weg zum Strand.	**Voy a la playa.**	[boj a la ˈplaja]
Ich gehe gerade einkaufen.	**Voy a la compra.**	[boj a la ˈkompra]
Machen Sie Urlaub hier?	**¿Está usted de vacaciones?**	[esˈta usˈteð de bakaˈθjones]
Wie oft waren Sie denn schon hier?	**¿Cuántas veces ha estado aquí ya?**	[ˈkwantas ˈbeθes a esˈtaðo aˈki ja]

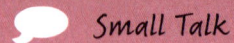
Reisen Sie sehr viel?	**¿Viaja usted mucho?**	[ˈbiaxa usˈteð ˈmutʃo]
Gefällt Ihnen …?	**¿Le gusta…?**	[le ˈgusta …]
Es gefällt mir sehr gut.	**Me encanta.**	[me eŋˈkanta]
Wohnen Sie hier?	**¿Vive usted aquí?**	[ˈbiβe usˈteð aˈki]
Wollen wir heute etwas zusammen unternehmen?	**¿Por qué no hacemos algo juntos hoy?**	[por ke no aˈθemos ˈalgo ˈxuntos oj]
Vielen Dank für den wunderschönen Tag!	**Muchas gracias. Ha sido un día estupendo.**	[ˈmutʃas ˈgraθjas a ˈsiðo un ˈdia estuˈpendo]
Sehen wir uns denn noch einmal?	**¿Nos vemos otro día?**	[nos ˈbemos ˈotro ˈdia]
Morgen um dieselbe Zeit?	**¿Mañana a la misma hora?**	[maˈɲana a la ˈmisma ˈora]
Tut mir leid, aber ich muss jetzt gehen.	**Lo siento pero tengo que irme.**	[lo ˈsjento ˈpero ˈteŋgo ke ˈirme]
Alles Gute!	**¡Que te vaya bien!**	[ke te ˈbaja ˈbjen]
Bis morgen!	**¡Hasta mañana!**	[ˈasta maˈɲana]

Der Strand ist wunderschön/ überfüllt.	**La playa es maravillosa/está demasiado llena.**	[la ˈplaja es maraβiˈʎosa/esˈta demaˈsjaðo ˈʎena]
Unser Hotel ist mitten im Zentrum von ...	**Nuestro hotel se encuentra en el centro de...**	[ˈnwestro oˈtel se eŋˈkwentra en el ˈθentro de ...]
Es gibt hier sehr viel zu sehen.	**Aquí hay muchas cosas para ver.**	[aˈki aj ˈmutʃas ˈkosas ˈpara ber]
... ist eine fantastische Stadt.	**... es una ciudad fantástica.**	[... es ˈuna θjuˈðað fanˈtastika]
Die Landschaft ist wunderschön.	**El paisaje es muy bonito.**	[el paiˈsaxe es mwi boˈnito]
Ich bin ... Jahre alt.	**Tengo... años.**	[ˈteŋgo ... ˈaɲos]
Ich bin Deutsche(r).	**Soy alemán/ alemana.**	[soj aleˈman/ aleˈmana]
Ich arbeite als Lehrer/ Beamter/ Maler/ ...	**Soy profesor/funcionario/pintor/...**	[soj profeˈsor/ funθjoˈnario/ pinˈtor ...]
Sprechen Sie Deutsch/ Englisch/Französisch?	**¿Habla usted alemán/inglés/francés?**	[ˈaβla usˈteð aleˈman/inˈgles/ franˈθes]

Abend	**tarde/noche** *f*	[ˈtarðe/ˈnotʃe]
Alkohol	**alcohol** *m*	[alˈkol]
Arbeit	**trabajo** *m*	[traˈβaxo]
deutsch	**alemán**	[aleˈman]
Diskothek	**discoteca** *f*	[diskoˈteka]
essen	**comer**	[koˈmer]
Ferien	**vacaciones** *f pl*	[bakaˈθjones]
Feuerzeug	**mechero** *m*	[meˈtʃero]
Frau	**mujer/señora** *f*	[muˈxer/seˈɲora]
Freund	**amigo/novio** *m*	[aˈmigo/ˈnoβjo]
Freundin	**amiga/novia** *f*	[aˈmiga/ˈnoβja]
früh	**temprano**	[temˈprano]
gestern	**ayer**	[aˈjer]
Getränk	**bebida** *f*	[beˈβiða]
Glas	**vaso** *m*	[ˈbaso]
heiß	**caliente**	[kaˈljente]
heute	**hoy**	[oi]
Hobby	**hobby** *m*	[ˈxoβi]
Hotel	**hotel** *m*	[oˈtel]
Interessen	**aficiones** *f pl*	[afiˈθjones]
joggen	**correr**	[koˈrrer]
Kind	**niño/-a** *m/f*	[ˈniɲo/a]
Kino	**cine** *m*	[ˈθine]
Mittag	**mediodía** *m*	[meðjoˈdia]
morgen	**mañana**	[maˈɲana]
Nacht	**noche** *f*	[ˈnotʃe]
Regen	**lluvia** *f*	[ˈʎuβja]
schlecht	**malo/mal**	[ˈmalo/mal]
schön	**bonito/bueno**	[boˈnito/ˈbweno]
Schwimmbad	**piscina** *f*	[pisˈθina]

schwül	**bochornoso**	[botʃorˈnoso]
Sohn	**hijo** *m*	[ˈixo]
Sonne	**sol** *m*	[sol]
spät	**tarde**	[ˈtarðe]
spazieren	**pasear**	[paseˈar]
Sport	**deporte** *m*	[deˈporte]
sprechen	**hablar**	[aˈβlar]

Durchschnittlich gehen Spanier an drei oder vier Abenden in der Woche aus. Die beliebtesten Treffpunkte sind Bars und Kinos. In den großen Städten erscheint jeden Donnerstag der Szeneführer „La guía del ocio", in dem alle Freizeitaktivitäten der kommenden Woche zu finden sind. So zum Beispiel: Kino- und Theaterprogramme, Öffnungszeiten der Museen und Schwimm- bäder, Ausstellungen etc.

Tanz	**baile** *m*	[ˈbaile]
Temperatur	**temperatura** *f*	[temperaˈtura]
Tochter	**hija** *f*	[ˈixa]
Uhr	**reloj** *m*	[rreˈlox]
Uhrzeit	**hora** *f*	[ˈora]
Urlaub	**vacaciones** *f pl*	[bakaˈθjones]
Verzeihung	**perdón** *m*	[perˈðon]
wechselhaft	**variable**	[baˈrjaβle]
Wein	**vino** *m*	[ˈbino]
Wetter	**tiempo** *m*	[ˈtjempo]
Wetterbericht	**pronóstico** *m* **meteo-**	[proˈnostiko
	rológico	meteoroˈloxiko]
Zigaretten	**cigarrillos** *m pl*	[θigaˈrriʎos]

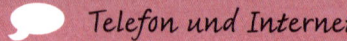

Wo ist die nächste Telefonzelle?	**¿Dónde hay una cabina por aquí?**	['donde aj 'una ka'bina por a'ki]
Haben Sie eine Telefonkarte?	**¿Tiene una tarjeta telefónica?**	['tjene 'una tar'xeta tele'fonika]
Wie lautet die Vorwahl von ...?	**¿Cuál es el prefijo de...?**	['kwal es el pre'fixo de ...]
Hier spricht ...	**Habla...**	['aβla ...]
Mit wem spreche ich?	**¿Con quién hablo?**	[kon kjen 'aβlo]
Ich möchte gerne Herrn .../Frau ... sprechen.	**Quería hablar con el señor.../la señora...**	[ker'ia a'βlar kon el se'ɲor .../ la se'ɲora ...]
Ich verbinde Sie.	**Le paso la llamada.**	[le 'paso la ʎa'maða]
Einen Augenblick, bitte.	**Un momento, por favor.**	[un mo'mento, por fa'βor]
Es tut mir leid, der Anschluss ist besetzt.	**Lo siento, pero comunica.**	[lo 'sjento 'pero komu'nika]
Haben Sie seine/ihre Durchwahl?	**¿Tiene usted su número directo?**	['tjene us'teð su 'numero di'rekto]

Möchten Sie ihm/ihr eine Nachricht hinterlassen?	**¿Quiere dejarle un recado?**	['kjere de'xarle un re'kaðo]
Könnte er/sie mich zurückrufen?	**¿Podría llamarme?**	[po'ðria ʎa'marme]
Hat er/sie Ihre Nummer?	**¿Tiene su número?**	['tjene su 'numero]
Könnten Sie mir Ihre Telefonnummer geben?	**¿Podría darme su número?**	['poðria 'darme su 'numero]
Meine Telefonnummer ist ...	**Mi número es el...**	[mi 'numero es el ...]
Richten Sie ihm/ihr bitte Grüße aus.	**Salúdelo/-la de mi parte.**	[sa'luðelo/la de mi 'parte]
Tut mir leid, Sie haben sich verwählt.	**Lo siento, se ha equivocado.**	[lo 'sjento, se a ekiβo'kaðo]
Mein Handyakku ist leer.	**El móvil se ha quedado sin batería.**	[el 'moβil se a ke'ðaðo sin bate'ria]
Kann ich mein Handy bei Ihnen aufladen?	**¿Puedo cargar mi móvil aquí?**	['pweðo kar'gar mi 'moβil a'ki]

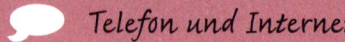

Haben Sie Prepaid-karten der Mobilfunk-gesellschaft ...?	**¿Tiene usted tarjetas de prepago de la compañía telefóni-ca...?**	['tjene us'teð tar'xetas de pre'pago de la kompa'ɲia tele'fonika]
Wo finde ich das nächste Internetcafé?	**¿Dónde puedo en-contrar el cibercafé más cercano?**	['donde 'pweðo eŋkon'trar el θiβerka'fe mas θer'kano]
Wie viel kostet eine Stunde?	**¿Cuánto cuesta una hora?**	['kwanto 'kwesta 'una 'ora]
Wo kann ich ins Inter-net gehen?	**¿Dónde puedo conectarme a inter-net?**	['donde 'pweðo konek'tarme a inter'net]
Welchen Computer kann ich nutzen?	**¿Qué ordenador puedo usar?**	[ke orðena'ðor 'pweðo 'usar]
Wie logge ich mich ein?	**¿Cómo inicio la sesión?**	['komo i'niθjo la se'sjon]
Verfügt das Zimmer über WLAN?	**¿La habitación tiene WiFi?**	[la aβita'θjon 'tjene 'uifi]
Ich möchte eine E-Mail senden.	**Quería enviar un e-mail.**	[ke'ria embi'ar un i'meil]

Ich möchte meine Mails checken.	**Quería revisar mi cuenta de correo electrónico.**	[ke'ria rreβi'sar mi 'kwenta de ko'rreo elek'troniko]
Kann ich von hier ein Fax senden?	**¿Puedo mandar un fax desde aquí?**	['pweðo man'dar un fags 'desðe a'ki]
Kann ich eine Seite ausdrucken?	**¿Puedo imprimir una página?**	['pweðo impri'mir una 'paxina]
Ich möchte etwas scannen.	**Quería escanear algo.**	['ke'ria eskane'ar 'algo]
Ich habe Probleme mit dem Computer.	**Tengo problemas con el ordenador.**	['teŋgo pro'βlemas kon el orðena'ðor]
Wie ist Ihre E-Mail-Adresse?	**¿Cuál es su dirección de correo electró-nico?**	['kwal es su direg'θjon de ko'rreo elek'troniko]
Haben Sie eine Home-page?	**¿Tiene usted una página web?**	['tjene us'teð una 'paxina web]
Bitte bleiben Sie in der Leitung?	**Por favor, permanez-ca conectado.**	[por fa'βor perma'neθka konek'taðo]

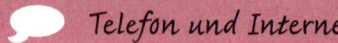

Akku	**batería** f	[bateˈria]
Anrufen, telefonieren	**llamar por teléfono**	[ʎaˈmar por teˈlefono]
besetzt	**ocupado**	[okuˈpaðo]
E-Mail	**e-mail**	[iˈmeɪl]
E-Mail-Adresse	**dirección de correo electrónico**	[diregˈθjon de koˈrreo elekˈtroniko]
Handy	**móvil** m	[ˈmoβil]
Internet	**internet** m/f	[interˈnet]
Internetcafé	**cibercafé** m	[θiβerkaˈfe]
Internetanschluss	**conexión** f **a internet**	[konegˈsjon a interˈnet]
Ladegerät	**cargador** m	[kargaˈðor]
Laptop	**ordenador** m **portátil**	[orðenaˈðor porˈtatil]
Netzempfang	**recepción** f	[rreθeβˈθjon]
Ortsgespräch	**llamada** f **urbana**	[ʎaˈmaða urˈβana]
Prepaidkarte	**tarjeta** f **prepago**	[tarˈxeta preˈpago]
SIM-Karte	**tarjeta** f **SIM**	[tarˈxeta sim]
Smartphone	**teléfono** m **inteligente**	[teˈlefono inteliˈxente]
SMS	**SMS** m	[es em es]
Telefonzelle	**cabina** f **telefónica**	[kaˈβina teleˈfonika]
USB-Stick	**memoria** f **USB**	[meˈmorja u ese βe]
verbinden	**conectarse**	[konekˈtarse]
Vorwahl	**prefijo** m	[preˈfixo]
wählen	**marcar**	[marˈkar]
WLAN	**WiFi**	[ˈwifi]

Reise & Verkehr

Wo ist/sind ...?	**¿Dónde hay...?**	[ˈdonde aj ...]
Wie komme ich nach ...?	**¿Cómo se va a...?**	[ˈkomo se ba a ...]
Kennen Sie die ... Straße?	**¿Sabe usted dónde está la calle...?**	[ˈsaβe usˈteð ˈdonde esˈta la ˈkaʎe ...]
Wo liegt bitte diese Adresse?	**¿Dónde está esta dirección?**	[ˈdonde esˈta ˈesta diregˈθjon]
Kann ich bis ins Zentrum der Stadt fahren?	**¿Puedo ir en coche hasta el centro de la ciudad?**	[ˈpweðo ir en ˈkotʃe ˈasta el ˈθentro de la θjuˈðað]
Das ist eine Einbahnstraße.	**Esta es una calle de sentido único.**	[ˈesta es ˈuna ˈkaʎe de senˈtiðo ˈuniko]
Sie müssen umkehren.	**Tiene que dar la vuelta.**	[ˈtjene ke dar la ˈbwelta]
Ist das die Straße nach ...?	**¿Es ésta la carretera de...?**	[es ˈesta la karreˈtera de ...]
Bin ich hier richtig nach ...?	**¿Voy bien por aquí a...?**	[boj ˈbjen por aˈki a ...]

Sie sind richtig.	**Por aquí va bien.**	[por a'ki ba 'bjen]
Folgen Sie den Schildern, auf denen ... steht.	**Siga las señales en las que pone...**	['siga las se'ɲales en las ke 'pone ...]
Diese Straße ist nicht die richtige.	**Esta carretera no es la correcta.**	['esta karre'tera no es la ko'rrekta]
Sie müssen umkehren, bis Sie ...	**Tiene que dar la vuelta hasta...**	['tjene ke dar la 'bwelta 'asta]
Ist das weit?	**¿Está lejos?**	[es'ta 'lexos]
Muss ich zu/nach ... fahren?	**¿Tengo que ir a/ hasta...?**	['teŋgo ke ir a/'asta]
Wie viele Kilometer sind es bis ...?	**¿Cuántos kilómetros hay hasta...?**	['kwantos ki'lometros aj 'asta]
Können Sie mir den Ort/die Straße bitte auf der Karte zeigen?	**¿Puede señalarme el lugar/la calle en el plano?**	['pweðe seɲa'larme el lu'gar/la 'kaʎe en el 'plano]
Gibt es hier eine Autobahn?	**¿Hay una autopista por aquí?**	[aj 'una auto'pista por a'ki]

Wie weit ist es wohl bis … ?	**¿Cuánto habrá hasta…?**	[ˈkwanto aˈβra ˈasta …]
Wie lange brauche ich wohl mit dem Auto?	**¿Cuánto se tardará en coche?**	[ˈkwanto se tarðaˈra en ˈkotʃe]
Kann ich das Ziel bis heute Mittag/Abend/Nacht erreichen?	**¿Cree que llegaré antes de mediodía/ esta tarde/ esta noche?**	[ˈkree ke ʎegaˈre ˈantes de meðjoˈðia/ ˈesta ˈtarðe/ˈesta ˈnotʃe]
Fahren Sie geradeaus.	**Siga todo recto.**	[ˈsiɣa ˈtoðo ˈrrekto]
Fahren Sie bis zur ersten/zweiten/dritten Kreuzung.	**Siga hasta el primer/ segundo/ tercer cruce.**	[ˈsiɣa ˈasta el priˈmer/seˈɣundo/ terˈθer ˈkruθe]
Biegen Sie an der Ampel rechts/links ab.	**En el semáforo, gire a la derecha/ izquierda.**	[en el seˈmaforo ˈxire a la deˈretʃa/ iθˈkjerða]
Sie müssen über die Brücke und danach rechts/links abbiegen.	**Tiene que pasar el puente y luego girar a la derecha/ izquierda.**	[ˈtjene ke paˈsar el ˈpwente i ˈlwego xiˈrar a la deˈretʃa/ iθˈkjerða]

Abfahrt	**salida** *f*	[saˈliða]
Abkürzung	**atajo** *m*	[aˈtaxo]
Ampel	**semáforo** *m*	[seˈmaforo]
andere Seite	**el otro lado**	[el ˈotro ˈlado]
Auffahrt	**entrada** *f*	[enˈtraða]
Autobahn	**autopista** *f*	[autoˈpista]
Brücke	**puente** *m*	[ˈpwente]
danach	**después**	[desˈpwes]
davor	**antes**	[ˈantes]
Dorf	**pueblo** *m*	[ˈpweβlo]
Einbahnstraße	**calle** *f* **de sentido único**	[ˈkaʎe de senˈtiðo ˈuniko]
Einmündung	**desembocadura** *f*	[desembokaˈðura]
falsch	**equivocado**	[ekiboˈkaðo]
Fluss	**río** *m*	[ˈrrio]
gegenüber	**enfrente**	[enˈfrente]
hinter	**detrás**	[deˈtras]
Kirche	**iglesia** *f*	[iˈglesja]
Kreisverkehr	**rotonda** *f*	[rroˈtonda]
Kreuzung	**cruce** *m*	[ˈkruθe]
Landstraße	**carretera** *f*	[karreˈtera]
Landkarte	**mapa** *m*	[ˈmapa]
links	**a la izquierda**	[iθˈkjerða]
Mautstellen	**cabinas** *f pl* **de peaje**	[kaˈβinas de peˈaxe]
nächste/r	**próximo/-a**	[ˈprogsimo/a]
neben	**al lado**	[al ˈlaðo]
Norden	**Norte** *m*	[ˈnorte]
Ort	**sitio** *m*	[ˈsitjo]
Osten	**Este** *m*	[ˈeste]

parken	**aparcar**	[apar'kar]
rechts	**a la derecha**	[a la de'retʃa]
richtig	**correcto**	[ko'rrekto]
Sackgasse	**callejón** *m* **sin salida**	[kaʎe'xon sin sa'lida]
Spur	**carril** *m*	[ka'rril]
Stadt	**ciudad** *f*	[θju'ðað]
Straße	**calle** *f*/**carretera** *f*	['kaʎe/karre'tera]

Stadtplan	**plano** *m* **de la ciudad**	['plano de la θju'ðað]
Straßenschild	**señal** *f*	[se'ɲal]
Süden	**Sur** *m*	[sur]
Telefonzelle	**cabina** *f*	[ka'βina]
Tankstelle	**gasolinera** *f*	[gasoli'nera]
umdrehen	**dar la vuelta**	[dar la 'bwelta]
Umweg	**rodeo** *m*	[rro'ðeo]
verkehrt	**equivocado**	[ekiβo'kaðo]
Westen	**Oeste** *m*	[o'este]
wie lange	**cuánto tiempo**	['kwanto 'tjempo]
wo	**dónde**	['donde]
Zentrum	**centro** *m*	['θentro]

Ich suche eine Autovermietung.	**Estoy buscando una oficina de alquiler de coches.**	[es'toj bus'kando 'una ofi'θina de alki'ler de 'kotʃes]
Ich möchte ein Auto/einen Geländewagen (mit Fahrer) mieten.	**Quería alquilar un coche/un todoterreno (con conductor).**	[ke'ria alki'lar un 'kotʃe/un toðote'rreno (kon konduk'tor)]
Wo kann ich den Wagen zurückgeben?	**¿Dónde puedo devolver el coche?**	['donde 'pweðo deβol'βer el 'kotʃe]
Wie viele Kilometer sind frei?	**¿Cuál es el límite de kilómetros?**	['kwal es el 'limite de ki'lometros]
Wann/Wo kann ich den Wagen abholen?	**¿Cuándo/Dónde puedo recoger el coche?**	['kwando/'donde 'pweðo rreko'xer el 'kotʃe]
Ist der Wagen vollkaskoversichert?	**¿Está asegurado a todo riesgo?**	[es'ta asegu'raðo a 'toðo 'rrjesgo]
Ich habe eine Panne.	**Tengo una avería.**	['teŋgo 'una aβe'ria]
Können Sie den Pannendienst rufen?	**¿Puede llamar al servicio de averías?**	['pweðe ʎa'mar al ser'biθjo de aβe'rias]

Wissen Sie, wo hier eine Werkstatt ist?	**¿Sabe dónde hay un taller?**	[ˈsaβe ˈdonde aj un taˈʎer]
Ich glaube, der Auspuff ist defekt.	**Creo que el tubo de escape está averiado.**	[ˈkreo ke el ˈtuβo de esˈkape esˈta abeˈriaðo]
Die Heizung ist defekt. Sie geht nicht mehr an/aus.	**La calefacción está averiada. No se enciende/apaga.**	[la kalefaɣˈθjon esˈta abeˈriaða no se enˈθjenðe/ aˈpaga]
Können Sie in etwa sagen, was das kosten wird?	**¿Cuánto costará, más o menos?**	[ˈkwanto kostaˈra, mas o ˈmenos]
Bitte kontrollieren Sie den Reifendruck/ die Bremsflüssigkeit/ das Kühlwasser/den Ölstand.	**Por favor, mire la presión de las ruedas/el líquido de frenos/el agua/el aceite.**	[por faˈβor ˈmire la preˈsjon de las ˈrrweðas/el ˈlikiðo de ˈfrenos/el ˈagwa/ el aˈθejte]
Bitte wechseln Sie die Zündkerzen/das Öl.	**Por favor, cambie las bujías/el aceite.**	[por faˈβor ˈkambje las buˈxias/el aˈθejte]
Gibt es hier eine Autowaschanlage?	**¿Tienen lavado automático?**	[ˈtjenen laˈβaðo autoˈmatiko]

Volltanken, bitte!	**Lleno, por favor.**	[ˈʎeno por faˈβor]
Geben Sie mir 30 Liter Normalbenzin/Super/Diesel.	**Quería 30 litros de normal/súper/gasoil.**	[keˈria trejnta ˈlitros de norˈmal/ˈsuper/gaˈsojl]
Wo kann ich meinen Wagen unterstellen?	**¿Dónde puedo dejar el coche?**	[ˈdonde ˈpweðo deˈxar el ˈkotʃe]
Ist die Garage die ganze Nacht geöffnet?	**¿El garage está abierto toda la noche?**	[el gaˈraxe esˈta aˈβjerto ˈtoða la ˈnotʃe]
Wie lange darf man hier parken?	**¿Cuánto tiempo se puede aparcar aquí?**	[ˈkwanto ˈtjempo se ˈpweðe aparˈkar aˈki]
Kann ich meinen Wagen hier stehen lassen?	**¿Puedo dejar aquí el coche?**	[ˈpweðo deˈxar aˈki el ˈkotʃe]
Wir sind mit dem Auto gekommen.	**Hemos venido en coche.**	[ˈemos beˈniðo en ˈkotʃe]

> *Autofahren in Spanien kostet Geld, außer Sie nutzen Neben- und Landstraßen. Auf den meisten Autobahnen müssen Sie Gebühren entrichten, die sich nach Länge der gefahrenen Strecke und auch nach dem Autotyp bemessen.*

| Ich fahre morgen früh weiter. | **Sigo mañana temprano.** | ['sigo ma'nana tem'prano] |
| Welche Höchst-geschwindigkeit/ Geschwindigkeitsbe-grenzung gilt hier? | **¿Cuál es el límite de velocidad?** | ['kwal es el 'limite de beloθi'ðað] |

> *In Spanien gelten für PKW folgende Geschwindigkeitsbegren-zungen: Innerhalb von Ortschaften 50 km/h, auf Landstraßen 90 km/h und auf Autobahnen 120 km/h.*

Muss man eine Autobahngebühr bezahlen?	**¿Hay que pagar peaje?**	[aj ke pa'gar pe'axe]
Kann ich den Wagen in ... abgeben?	**¿Puedo devolver el coche en...?**	['pweðo debol'ber el 'kotʃe en ...]
Können Sie mir Benzin geben?	**¿Puede darme gasolina?**	['pweðe 'darme gaso'lina]
Können Sie mir einen Kostenvoranschlag machen?	**¿Puede hacerme un presupuesto?**	[pweðe a'θerme un presu'pwesto]
Wo kann man hier bleifrei tanken?	**¿Dónde hay gasolina sin plomo?**	['donde aj gaso'lina sin 'plomo]

Abblendlicht	**luz** *f* **de cruce**	[ˈluθ de ˈcruθe]
abschleppen	**remolcar**	[rremolˈkar]
Abschleppwagen	**grúa** *f*	[ˈɡrua]
Ampel	**semáforo** *m*	[seˈmaforo]
anspringen	**arrancar**	[arranˈkar]
Auto	**coche** *m*	[ˈkotʃe]
Autobahn	**autopista** *f*	[autoˈpista]
Autobahngebühr	**peaje** *m*	[peˈaxe]
Benzin	**gasolina** *f*	[ɡasoˈlina]
Beule	**abolladura** *f*	[aboʎaˈðura]
Bußgeld	**multa** *f*	[ˈmulta]
Diesel	**gasoil** *m*	[ɡaˈsojl]
Führerschein	**permiso** *m* **de conducir**	[perˈmiso de konduˈθir]
Gang	**marcha** *f*	[ˈmartʃa]
Garage	**garaje** *m*	[ɡaˈraxe]
Kratzer	**arañazo** *m*	[araˈɲaθo]
Landstraße	**carretera** *f*	[karreˈtera]
Licht	**luz** *f*	[luθ]
Motorrad	**moto** *f*	[ˈmoto]
Motorroller	**escúter** *f*	[esˈkuter]
Normalbenzin	**gasolina** *f* **normal**	[ɡasoˈlina norˈmal]
Notrufsäule	**poste** *m* **de socorro**	[ˈposte de soˈkorro]
Oktanzahl	**octanaje** *m*	[oktaˈnaxe]
Öl	**aceite** *m*	[aˈθejte]
Panne	**avería** *f*	[abeˈria]
Pannendienst	**servicio** *m* **de averías**	[serˈbiθjo de abeˈrias]

Papiere	**papeles** *m pl*	[pa'peles]
Parkplatz	**aparcamiento** *m*	[aparka'mjento]
Promillegrenze	**límite** *m* **de alcohol**	['limite de al'kol]
Radarkontrolle	**control** *m* **por radar**	[kon'trol por rra'ðar]
Reifendruck	**presión** *f* **de los neumáticos**	[pre'sjon de los new'matikos]
Schnellstraße	**autovía** *f*	[auto'βia]
Stau	**atasco** *m*	[a'tasko]
Straßenkarte	**mapa** *m* **de carreteras**	['mapa de karre'teras]
Superbenzin	**gasolina** *f* **súper**	[gaso'lina 'super]
Tank	**depósito** *m*	[de'posito]
tanken	**echar gasolina**	[e'tʃar gaso'lina]
Tankstelle	**gasolinera** *f*	[gasoli'nera]
Teilkasko	**seguro** *m* **parcial**	[se'guro par'θjal]
überholen	**adelantar**	[aðelan'tar]
Umleitung	**desvío** *m*	[des'βio]
Versicherungsfall	**contingencia** *f* **asegurada**	[kontin'xenθia asegu'rada]
Vollkasko	**seguro** *m* **a todo riesgo**	[se'guro a 'toðo 'rrjesgo]
Warndreieck	**triángulo** *m* **de señalización**	[tri'aŋgulo ðe seɲaliθa'θjon]
Wegweiser	**señal** *f*	[se'ɲal]
Werkstatt	**taller** *m*	[ta'ʎer]
Zündschlüssel	**llave** *f* **de arranque**	['ʎaβe de a'rranke]

Abschleppseil	**cuerda** *f* **de remol-que**	[ˈkwerða de rreˈmolke]
Airbag	**airbag** *m*	[ˈerbeg]
Antenne	**antena** *f*	[anˈtena]
Auspuff	**tubo** *m* **de escape**	[ˈtuβo de esˈkape]
Außenspiegel	**espejo** *m* **retrovisor exterior**	[esˈpexo rretro-βiˈsor esteˈrjor]
Benzinkanister	**bidón** *m* **de gasolina**	[biˈðon de gasoˈlina]
Bremsleuchte	**luz** *f* **de frenos**	[luθ de ˈfrenos]
Fernlicht	**luz** *f* **larga**	[luθ ˈlarga]
Frontscheibe	**luna** *f* **frontal**	[ˈluna fronˈtal]
Handbremse	**freno** *m* **de mano**	[ˈfreno de ˈmano]
Handschuhfach	**guantera** *f*	[gwanˈtera]
Heckscheibe	**luna** *f* **trasera**	[ˈluna traˈsera]
Heizung	**calefacción** *f*	[kalefagˈθjon]
Hupe	**bocina** *f*	[boˈθina]
Innenspiegel	**espejo** *m* **retrovisor interior**	[esˈpexo rretro-βiˈsor inteˈrjor]
Kilometerzähler	**cuenta-kilómetros** *m*	[kwentakiˈlo-metros]
Kofferraum	**maletero** *m*	[maleˈtero]
Kolben	**pistón** *m*	[pisˈton]
Kreuzschlüssel	**llave** *f* **cruzada**	[ˈʎabe kruˈθaða]
Lenkrad	**volante** *m*	[boˈlante]
Luftfilter	**filtro** *m* **del aire**	[ˈfiltro del ˈaire]
Motor	**motor** *m*	[moˈtor]
Motorhaube	**tapa** *f* **del motor**	[ˈtapa del moˈtor]
Nummernschild	**matrícula** *f*	[maˈtrikula]
Pedal	**pedal** *m*	[peˈðal]

Radio	**radio** *f*	[ˈrraðjo]
Reifen	**neumático** *m*	[newˈmatiko]
Rücksitze	**asientos** *m pl* **traseros**	[aˈsjentos traˈseros]
Verbandskasten	**botiquín** *m* **de primeros auxilios**	[botiˈkin de priˈmeros awɣˈsiljos]
Scheibenwischer	**limpiaparabrisas** *m*	[limpjaparaˈβrisas]
Schlauch	**tubo** *m*	[ˈtuβo]
Schloss	**cerradura** *f*	[θerraˈðura]
Schmutzmatte	**alfombrilla** *f*	[alfomˈbriʎa]
Sicherheitsgurt	**cinturón** *m* **de seguridad**	[θintuˈron de seguriˈðað]
Sicherung	**seguro** *m*	[seˈguro]
Sitz	**asiento** *m*	[aˈsjento]
Standlicht	**luz** *f* **de posición**	[luθ de posiˈθjon]
Stoßstange	**parachoques** *m*	[paraˈtʃokes]
Tachometer	**tacómetro** *m*	[taˈkometro]
Tank	**depósito** *m*	[deˈposito]
Ventil	**válvula** *f*	[ˈbalβula]
Vordersitz	**asiento** *m* **delantero**	[aˈsjento delanˈtero]
Wagenheber	**gato** *m*	[ˈgato]
Warnblinker	**intermitente** *m*	[intermiˈtente]
Warnleuchte	**luz** *f* **de avería**	[luθ de aβeˈria]
Warndreieck	**señal** *f* **de atención**	[seˈɲal de atenˈθjon]
Winterreifen	**neumáticos** *m pl* **de invierno**	[newˈmatikos de imˈbjerno]

Wann fährt der nächste Zug nach ...?	**¿A qué hora sale el próximo tren para...?**	[a ke ˈora ˈsale el ˈprogsimo tren ˈpara ...]
Auf welchem Bahnsteig fährt der Zug ab?	**¿De qué andén sale el tren?**	[de ke anˈden ˈsale el tren]
Eine einfache Fahrt erster/zweiter Klasse, bitte.	**Un billete sencillo de primera/segunda clase, por favor.**	[un biˈʎete senˈθiʎo de priˈmera/seˈgunda ˈklase por faˈβor]
Eine Hin- und Rückfahrt nach ..., bitte.	**Un billete de ida y vuelta a..., por favor.**	[un biˈʎete de ˈiða i ˈbwelta a ... por faˈβor]
Raucher oder Nichtraucher?	**¿Fumador o no fumador?**	[fumaˈðor o no fumaˈðor]
Ich hätte gerne einen Fensterplatz, bitte.	**Asiento en ventanilla, por favor.**	[aˈsjento en bentaˈniʎa por faˈβor]
Wie teuer ist die Fahrkarte?	**¿Cuánto cuesta el billete?**	[ˈkwanto ˈkwesta el biˈʎete]
Gibt es einen Speise-/Schlafwagen?	**¿Hay vagón restaurante/coche-cama?**	[aj baˈgon rrestawˈrante/kotʃeˈkama]

Gibt es Ermäßigung für Schüler/Familien?	**¿Hay descuento para estudiantes/ familias?**	[aj des'kwento 'para estu'ðjantes/ fa'miljas]
Muss ich einen Zuschlag bezahlen?	**¿Hay que pagar suplemento?**	[aj ke pa'gar suple'mento]
Hält der Zug in ...?	**¿El tren para en...?**	[el tren 'para en ...]
Mein Zug hat Verspätung.	**Mi tren tiene retraso.**	[mi tren 'tjene re'traso]
Erreiche ich noch den Anschlusszug in ...?	**¿Llegamos al enlace con el tren de...?**	[ʎe'gamos al en'laθe kon el tren de ...]
Kann ich einen Platz reservieren lassen?	**¿Se puede reservar un asiento?**	[se 'pweðe reser'bar un a'sjento]
Entschuldigen Sie, aber dieser Platz ist besetzt.	**Perdone, pero este sitio está ocupado.**	[per'ðone 'pero 'este 'sitjo es'ta oku'paðo]
Wo müssen wir umsteigen?	**¿Dónde tenemos que hacer transbordo?**	['donde te'nemos ke a'θer trans'βorðo]

Abfahrt	**salida** *f*	[saˈliða]
Abteil	**departamento** *m*	[departaˈmento]
ankommen	**llegar**	[ʎeˈgar]
aussteigen	**bajar**	[baˈxar]
Bahnhof	**estación** *f*	[estaˈθjon]
besetzt	**ocupado**	[okuˈpaðo]
Schnellzug	**tren** *m* **expreso**	[ˈtren esˈpreso]
einsteigen	**subir**	[suˈβir]
Ermäßigung	**descuento** *m*	[desˈkwento]
Fahrkarte	**billete** *m*	[biˈʎete]
Fahrkartenschalter	**ventanilla** *f* **de venta de billetes**	[bentaˈniʎa de ˈbenta de biˈʎetes]

Die spanische Eisenbahngesellschaft „RENFE" unterhält ein großes Streckennetz, an das die wichtigsten Groß- und Kleinstädte angeschlossen sind. Die wichtigsten Zugkategorien in Kürze:
- *AVE: der spanische ICE*
- *TALGO: entspricht dem deutschen IC*
- *RÁPIDO: Interregio*
- *EXPRESO: Nahverkehrszug*

Fahrplan	**horario** *m* **de trenes**	[oˈrarjo de ˈtrenes]
Fahrpreis	**precio** *m* **del billete**	[ˈpreθjo del biˈʎete]
Fensterplatz	**asiento** *m* **de ventanilla** *f*	[aˈsjento de bentaˈniʎa]
frei	**libre**	[ˈliβre]
Gepäck	**equipaje** *m*	[ekiˈpaxe]

Gepäckschließfach	**consignas** *f pl* **automáticas**	[kon'signas auto'matikas]
Gepäckträger	**portaequipajes** *m*	[portaeki'paxes]
Gleis	**vía** *f*	['bia]
Großraumwagen	**vagón** *m* **sin departamentos**	[ba'gon sin departa'mentos]
Hauptbahnhof	**estación** *f* **central**	[esta'θjon θen'tral]
Kofferkuli	**carrito** *m* **portaequipajes**	[ka'rrito portaeki'paxes]
Liegewagen	**coche-cama** *m*	['kotʃe'kama]
Lokführer	**maquinista**	[maki'nista]
Lokomotive	**locomotora** *f*	[lokomo'tora]
nachlösen	**comprar después**	[kom'prar des'pwes]
Nichtraucherabteil	**zona** *f* **de no fumadores**	['θona de no fuma'ðores]
Raucherabteil	**zona** *f* **de fumadores**	['θona de fuma'ðores]
Reservierung	**reserva** *f*	[rre'serβa]
Rückfahrkarte	**billete** *m* **de vuelta**	[bi'ʎete de 'bwelta]
Schlafwagen	**coche-litera** *m*	['kotʃe li'tera]
Schnellzug	**expreso** *m*	[es'preso]
Speisewagen	**vagón** *m* **comedor**	[ba'gon kome'ðor]
Toilette	**aseos** *m pl*	[a'seos]
Wagennummer	**número** *m* **de vagón**	['numero de ba'gon]
Zug	**tren** *m*	[tren]
Zuschlag	**suplemento** *m*	[suple'mento]

Bitte für Montag einen Flug nach ...!	**Por favor, un billete de avión para el lunes a...**	[por fa'βor un bi'ʎete de a'βjon 'para el 'lunes a ...]
Einen Hin- und Rück-flug nach ..., bitte.	**Un billete de ida y vuelta a..., por favor.**	[un bi'ʎete de 'iða i 'bwelta a ... por fa'βor]
Ich möchte diesen Flug bitte umbu-chen/stornieren.	**Quisiera cambiar/ anular este billete.**	[ki'sjera kam'bjar/ anu'lar 'este bi'ʎete]
Wann muss ich am Flughafen sein?	**¿A qué hora tengo que estar en el aero-puerto?**	[a ke 'ora 'teŋgo ke es'tar en el aero'pwerto]
Wie viel Handgepäck darf ich mitnehmen?	**¿Cuánto equipaje de mano se puede llevar?**	['kwanto eki'paxe de 'mano se 'pweðe ʎe'βar]
Wann geht der An-schlussflug?	**¿Cuándo sale el vuelo de conexión?**	['kwando 'sale el 'bwelo de koneg'sjon]
Wo befindet sich der Notausstieg?	**¿Dónde está la salida de emergencia?**	['donde es'ta la sa'liða de emer'xenθja]

Gibt es eine Flugverbindung nach ...?	**¿Hay una combinación de vuelo para...?**	[aj ˈuna kombinaˈθjon de ˈbwelo ˈpara ...]
Gibt es eine Zwischenlandung?	**¿Hay una escala?**	[aj ˈuna esˈkala]
Gibt es einen Bus/eine U-Bahn/eine S-Bahn zum Flughafen?	**¿Hay autobús/metro/tren urbano al aeropuerto?**	[aj autoˈβus/ˈmetro/tren urˈβano al aeroˈpwerto]
Ist der Flug aus ... schon gelandet?	**¿Ha aterrizado ya el avión de...?**	[a aterriˈθaðo ja el aˈβjon de ...]
Ist der Flug nach ... schon aufgerufen worden?	**¿Han llamado ya al vuelo a...?**	[an ʎaˈmaðo ja al ˈbwelo a ...]
Können Sie mir sagen, wo Flugsteig Nr. ... ist?	**¿Puede decirme dónde está la puerta número...?**	[ˈpweðe deˈθirme ˈdonde esˈta la ˈpwerta ˈnumero ...]
Ich möchte diesen Koffer als Gepäck aufgeben.	**Quiero facturar esta maleta.**	[ˈkjero faktuˈrar ˈesta maˈleta]
Möchten Sie Ihr Gepäck versichern?	**¿Quiere asegurar su equipaje?**	[ˈkjere aseguˈrar su ekiˈpaxe]

Mein Gepäck ist beschädigt worden.	**Mi equipaje está dañado.**	[mi ekiˈpaxe esˈta daˈɲaðo]
An wen kann ich mich wenden?	**¿A quién tengo que dirigirme?**	[a ˈkjen ˈteŋgo ke diriˈxirme]
Ich vermisse mein Gepäck!	**¡Me falta el equipaje!**	[me ˈfalta el ekiˈpaxe]
Bitte anschnallen.	**Por favor, abróchense los cinturones.**	[por faˈβor aˈβrotʃense los θintuˈrones]
Könnten Sie mir bitte etwas zu trinken bringen?	**¿Podría traerme algo de beber?**	[poˈðria traˈerme ˈalgo de beˈβer]
Haben Sie etwas gegen Übelkeit?	**¿Tiene algo contra el mareo?**	[ˈtjene ˈalgo ˈkontra el maˈreo]
Ich fühle mich nicht gut.	**No me encuentro bien.**	[no me eŋˈkwentro ˈbjen]
Die Maschine hat Verspätung.	**El avión trae retraso.**	[el aˈbjon ˈtrae rreˈtraso]
Der Flug fällt aus.	**El vuelo ha sido cancelado.**	[el ˈbwelo a ˈsiðo [kanθeˈlaðo]

Abflug	**salida** *f*	[saˈliða]
Ankunft	**llegada** *f*	[ʎeˈɣaða]
Ankunftszeit	**hora** *f* **de llegada**	[ˈora de ʎeˈɣaða]
anschnallen	**abrocharse el cinturón**	[aβroˈtʃarse el θintuˈron]
an Bord	**a bordo**	[a ˈbordo]
Bordkarte	**tarjeta** *f* **de embarque**	[tarˈxeta de emˈβarke]
buchen	**hacer una reserva**	[aˈθer ˈuna rreˈserβa]
Charterflug	**vuelo** *m* **chárter**	[ˈbwelo ˈtʃarter]
Direktflug	**vuelo** *m* **directo**	[ˈbwelo diˈrekto]
Economyclass	**clase** *f* **turista**	[ˈklase tuˈrista]
einchecken	**embarcar**	[embarˈkar]
Fensterplatz	**asiento** *m* **de ventanilla** *f*	[aˈsjento de bentaˈniʎa]
Flug	**vuelo** *m*	[ˈbwelo]
Flugbegleiter(in)	**auxiliar** *m/f* **de vuelo**	[auɡsiˈliar de ˈbwelo]
Fluggast	**pasajero** *m*	[pasaˈxero]
Fluggesellschaft	**compañía** *f* **aérea**	[kompaˈɲia aˈerea]
Flughafen	**aeropuerto** *m*	[aeroˈpwerto]
Flughafengebühr	**tasas** *f pl* **de aeropuerto**	[ˈtasas de aeroˈpwerto]
Flugticket	**billete** *m*	[biˈʎete]
Flugzeug	**avión** *m*	[aˈβjon]
Gang	**marcha** *f*	[ˈmartʃa]
Gepäck	**equipaje** *m*	[ekiˈpaxe]

Gepäckausgabe	**recogida** f **de equipajes**	[rreko'xiða de eki'paxes]
Handgepäck	**equipaje** m **de mano**	[eki'paxe de 'mano]
Inlandsflug	**vuelo** m **nacional**	['bwelo naθjo'nal]
Koffer	**maleta** f	[ma'leta]
Kofferkuli	**carro** m	['karro]
landen	**aterrizar**	[aterri'θar]
Landung	**aterrizaje** m	[aterri'θaxe]
Linienflug	**vuelo** m **regular**	['bwelo regu'lar]
Luftsicherheit	**seguridad** f **aérea**	[seguri'ðað a'erea]
Nichtraucher	**no fumador**	[no fuma'ðor]
Notausgang	**salida** f **de emergencia**	[sa'liða de emer'xenθja]
Notlandung	**aterrizaje** m **forzoso**	[aterri'θaxe for'θoso]
Passagier(in)	**pasajero/-a** m/f	[pasa'xero/-a]
Pilot(in)	**piloto** m/f	[pi'loto]
Raucher	**fumador** m	[fuma'ðor]
Schwimmweste	**salvavidas** m	[salβa'βiðas]
Sicherheitskontrolle	**control** m **de seguridad**	[kon'trol de seguri'ðað]
Stewardess	**azafata** f	[aθa'fata]
stornieren	**anular**	[anu'lar]
umbuchen	**cambiar**	[kam'bjar]
Verspätung	**retraso** m	[rre'traso]
zollfreier Verkauf	**venta** f **libre de impuestos**	['benta 'liβre de im'pwestos]
Zwischenlandung	**parada** f **intermedia**	[pa'raða inter'meðja]

Wo bitte ist die nächste Bus-/Tram-/S-Bahn-/U-Bahn-Haltestelle?	**Por favor, ¿dónde está la próxima parada de autobús/tranvía/tren urbano/metro?**	[por fa'βor 'donde es'ta la 'prŏgsima pa'raða de auto'βus/ tran'bia/ tren ur'βano/'metro]
Wo kann ich bitte den Fahrschein kaufen?	**Por favor, ¿dónde se compran los billetes?**	[por fa'βor 'donde se 'kompran los bi'ʎetes]
Bitte einen Fahr-schein nach ...	**Por favor, un billete para...**	[por fa'βor un bi'ʎete para ...]
Welcher Bus/welche Straßenbahn fährt nach ...?	**¿Qué autobús/tranvía va a...?**	[ke auto'βus/ tran'bia ba a ...]
Ist dies der richtige Bus nach ...?	**¿Es éste el autobús que va a...?**	[es 'este el auto'βus ke ba a ...]
Wann/wo fährt bitte der Bus ab?	**Por favor, ¿cuándo/de dónde sale el autobús?**	[por fa'βor 'kwando/de 'donde 'sale el auto'βus]
Habe ich die Haltestelle ... verpasst?	**¿Ha pasado la para-da...?**	[a pa'saðo la pa'raða ...]

Abfahrt	**salida** *f*	[saˈliða]
anhalten	**parar**	[paˈrar]
Ankunft	**llegada** *f*	[ʎeˈgaða]
Ausgang	**salida** *f*	[saˈliða]
aussteigen	**bajar**	[baˈxar]
Bahnsteig	**andén** *m*	[anˈden]
behindertengerecht	**para disminuidos físicos**	[ˈpara disminuˈiðos ˈfisikos]
Bus	**autobús** *m*	[autoˈβus]
Busbahnhof	**estación** *f* **de autobuses**	[estaˈθjon de autoˈβuses]
Busfahrer/in	**conductor/-a** *m/f* **de autobús**	[kondukˈtor/-a de autoˈβus]
Bushaltestelle	**parada** *f* **de autobús**	[paˈraða de autoˈβus]
Buslinie	**línea** *f* **de autobús**	[ˈlinea de autoˈβus]
Eingang	**entrada** *f*	[enˈtraða]
einsteigen	**subir**	[suˈβir]
Endstation	**última estación** *f*	[ˈultima estaˈθjon]
Fahrgast	**pasajero** *m*	[pasaˈxero]
Fahrkarte	**billete** *m*	[biˈʎete]
Fahrkartenautomat	**máquina** *f* **de billetes**	[ˈmakina de biˈʎetes]
Fahrkartenkontrolleur	**revisor** *m*	[rreβiˈsor]
Fahrplan	**horario** *m*	[oˈrarjo]
Fahrpreis	**precio** *m*	[ˈpreθjo]
Fahrschein	**billete** *m*	[biˈʎete]
Fahrscheinentwerter	**máquina** *f* **canceladora de billetes**	[ˈmakina kanθelaˈðora de biˈʎetes]

Familienkarte	**billete** *m* **familiar**	[biˈʎete famiˈljar]
Gruppenrabatt	**descuento** *m* **de grupo**	[desˈkwento de ˈgrupo]
halten	**parar**	[paˈrar]
Haltestelle	**parada** *f*	[paˈraða]
Knopf drücken	**apretar el botón**	[apreˈtar el boˈton]
Nachtbus	**autobús** *m* **nocturno**	[autoˈβus nokˈturno]
Netzkarte	**plano** *m* **de la red**	[ˈplano de la rreð]
Pauschalpreis	**precio** *m* **fijo**	[ˈpreθjo ˈfixo]
Richtung	**dirección** *f*	[diregˈθjon]
S-Bahn	**tren** *m* **de cercanías**	[tren de θerkaˈnias]
Straßenbahn	**tranvía** *m*	[tranˈbia]
Tageskarte	**bono** *m* **diario**	[ˈbono ˈdjarjo]
Tarifzone	**zona** *f* **de tarifa**	[ˈθona de taˈrifa]
Taxi	**taxi** *m*	[ˈtagsi]
Taxistand	**parada** *f* **de taxis**	[paˈraða de ˈtagsis]
Trinkgeld	**propina** *f*	[proˈpina]
U-Bahn	**metro** *m*	[ˈmetro]
Überlandbus	**autobús** *m* **interurbano**	[autoˈβus interurˈβano]
umsteigen	**hacer transbordo**	[aˈθer transˈβorðo]
Wochenkarte	**bono** *m* **semanal**	[ˈbono semaˈnal]
Zeitkarte	**abono** *m* **de transportes**	[aˈβono de transˈportes]

Übernachten & Wohnen

Können Sie mir ein Hotel empfehlen?	**¿Podría recomendarme un hotel?**	[poˈðria rekomenˈdarme un oˈtel]
Es soll zentral gelegen/in Strandnähe sein.	**Debería estar en el centro/cerca de la playa.**	[deβeˈria esˈtar en el ˈθentro/ˈθerka de la ˈplaja]
Hat das Hotel einen eigenen Pool/Zugang zum Strand?	**¿El hotel tiene piscina propia/acceso a la playa?**	[el oˈtel tjene pisˈθina ˈpropja/ agˈθeso a la ˈplaja]
Wo ist das Hotel …?	**¿Dónde está el hotel…?**	[ˈdonde esˈta el oˈtel …]
Haben Sie hier noch ein Zimmer frei?	**¿Quedan habitaciones libres?**	[ˈkeðan aβitaˈθjones ˈliβres]
Für eine Nacht/ 2 Tage/eine Woche.	**Para una noche/dos días/una semana.**	[ˈpara ˈuna ˈnotʃe/ dos ˈdias/ˈuna seˈmana]
Wie viel kostet das Zimmer pro Tag/ pro Woche mit Frühstück/Halbpension/Vollpension?	**¿Cuánto cuesta la habitación al día/a la semana con desayuno/media pensión/pensión completa?**	[ˈkwanto kwesta la aβitaˈθjon al dia/a la seˈmana kon desaˈjuno/ˈmeðja penˈsjon/penˈsjon komˈpleta]

Ich hätte gerne ein Einzelzimmer/ Doppelzimmer (mit Bad).	**Quería una habitación individual/ doble (con baño).**	[ke'ria 'una aβita'θjon indi- βi'ðwal/'doβle (kon'baɲo)]
Ich habe bei Ihnen ein Zimmer auf den Namen ... reservieren lassen.	**He reservado en su hotel una habitación a nombre de...**	[e rreser'βaðo en su 'otel 'una aβita'θjon a 'nombre de ...]
Bitte den Schlüssel für Zimmer Nr. ...	**Por favor, la llave de la habitación número...**	[por fa'βor la 'ʎabe de la aβita'θjon 'numero ...]
Wo kann ich hier telefonieren?	**¿Dónde se puede llamar por teléfono?**	['donde se pweðe ʎa'mar por te'lefono]
Bitte wecken Sie mich morgen früh um ... Uhr.	**Por favor, despiérteme mañana por la mañana a las...**	[por fa'βor des'pjerteme ma'ɲana por la ma'ɲana a las...]
Wann sind denn die Essenszeiten?	**¿Qué horario de comidas tienen?**	[ke o'rarjo de ko'miðas 'tjenen]
Wo kann man früh- stücken?	**¿Dónde se desayuna?**	['donde se desa'juna]

Bringen Sie mir das Frühstück bitte auf mein Zimmer.	**Por favor, llévenme el desayuno a la habitación.**	[por faˈβor ˈʎeβenme el desaˈjuno a la aβitaˈθjon]
Würden Sie mir bitte ... bringen?	**Por favor, ¿podría traerme...?**	[por faˈβor poˈðria traˈerme ...]
Ich bin zufrieden.	**Estoy satisfecho.**	[esˈtoj satisˈfetʃo]
Das Zimmer gefällt mir/uns.	**La habitación me/ nos gusta.**	[la aβitaˈθjon me/ nos ˈgusta]
Das Essen ist hervorragend.	**La comida es estupenda.**	[la koˈmiða es estuˈpenda]
Ich habe sehr gut geschlafen.	**He dormido muy bien.**	[e dorˈmiðo mwi ˈbjen]
Das Personal war sehr zuvorkommend.	**El personal ha sido muy atento.**	[el persoˈnal a ˈsiðo mwi aˈtento]
Ich habe eine Reklamation.	**Quiero hacer una reclamación.**	[ˈkjero aˈθer ˈuna rreklamaˈθjon]
Ich bin mit dem Service unzufrieden.	**Estoy descontento con el servicio.**	[esˈtoj deskonˈtento kon el serˈbiθjo]

Ich habe kein (warmes) Wasser.	**No tengo agua (caliente).**	[no ˈteŋgo ˈagwa (kaˈljente)]
Das Zimmer wurde nicht gereinigt.	**No han limpiado la habitación.**	[no an limˈpjaðo la aβitaˈθjon]
Die Dusche/Das Licht/Die Heizung funktioniert nicht.	**La ducha/La luz/La calefacción no funciona.**	[la ˈdutʃa/la luθ/la calefagˈθjon no funˈθjona]
Die Matratze ist sehr unbequem.	**El colchón es muy incómodo.**	[el kolˈtʃon es mwi iŋˈkomoðo]
Das Waschbecken/Die Toilette ist verstopft.	**El lavabo/El váter está atascado.**	[el laˈβaβo/el ˈbater esˈta atasˈkaðo]
Das Essen ist ungenießbar.	**La comida es incomible.**	[la koˈmiða es iŋkoˈmiβle]
Machen Sie bitte die Rechnung fertig.	**Hágame la factura, por favor.**	[ˈagame la fakˈtura, por faˈβor]
Vielen Dank für alles/Ihre Mühe.	**Muchas gracias por todo/su atención.**	[ˈmutʃas ˈgraθjas por ˈtoðo/su atenˈθjon]
Das ist für Sie.	**Esto es para usted.**	[ˈesto es ˈpara usˈteð]

Abendessen	**cena** *f*	[ˈθena]
Abreise	**salida** *f*	[saˈliða]
Ankunft	**llegada** *f*	[ʎeˈɣaða]
Anmeldung	**registro** *m*	[rreˈxistro]
Anzahlung	**entrada** *f*	[enˈtraða]
Aschenbecher	**cenicero** *m*	[θeniˈθero]
Ausgang	**salida** *f*	[saˈliða]
Badezimmer	**cuarto** *m* **de baño**	[ˈkwarto de ˈbaɲo]
Balkon	**balcón** *m*	[balˈkon]
Beanstandung	**queja** *f*	[ˈkexa]
Bett	**cama** *f*	[ˈkama]
Bettdecke	**manta** *f*	[ˈmanta]
Bettwäsche	**sábanas** *f pl*	[ˈsaβanas]
Dusche	**ducha** *f*	[ˈdutʃa]
Eingang	**entrada** *f*	[enˈtraða]
einziehen	**instalarse**	[instaˈlarse]
Empfang	**recepción** *f*	[rreθeβˈθjon]
Empfangschef	**jefe** *m* **de recepción**	[ˈxefe de rreθeβˈθjon]
Erkundigung	**información** *f*	[informaˈθjon]
Etage	**planta** *f*	[ˈplanta]
Fahrstuhl	**ascensor** *m*	[asθenˈsor]
Fenster	**ventana** *f*	[benˈtana]
Fitnessraum	**gimnasio** *m*	[ximˈnasjo]
Frühstück	**desayuno** *m*	[desaˈjuno]
Frühstücksraum	**salón** *m* **de desayunos**	[saˈlon de desaˈjunos]
Glühbirne	**bombilla** *f*	[bomˈbiʎa]
Halbpension	**media** *f* **pensión**	[ˈmeðja penˈsjon]
Handtuch	**toalla** *f*	[toˈaʎa]

Heizung	**calefacción** *f*	[kalefaɣˈθjon]
Hotel	**hotel** *m*	[oˈtel]
Hotelhalle	**recibidor** *m*	[rreðiβiˈðor]
Kategorie	**categoría** *f*	[kategoˈria]
Keller	**sótano** *m*	[ˈsotano]

Unterkünfte in Städten sind in folgende Kategorien unterteilt: „Hoteles": 4–5 Sterne, „Hostales": 1–3 Sterne, „Pensiones": Pensionen, „Albergues de Juventud": Jugendherbergen. In kleinen Städten und auf dem Land sind die „Paradores" zu empfehlen. Es handelt sich um umgebaute Landhäuser, Schlösser oder Klöster mit einem besonderen Flair. In Jugendherbergen benötigt man einen internationalen Jugendherbergsausweis, den Sie in Deutschland oder vor Ort erhalten.

Kleiderbügel	**percha** *f*	[ˈpertʃa]
Klimaanlage	**aire** *m* **acondicionado**	[ˈaire akondiθjoˈnaðo]
Klingel	**timbre** *m*	[ˈtimβre]
Lampe	**lámpara** *f*	[ˈlampara]
Lichtschalter	**interruptor** *m*	[interrupˈtor]
Liegestuhl	**tumbona** *f*	[tumˈbona]
Mittagessen	**comida** *f*	[koˈmiða]
Nachtisch	**postre** *m*	[ˈpostre]
Preis	**precio** *m*	[ˈpreθjo]
Privatstrand	**playa** *f* **privada**	[ˈplaja priˈβaða]
Rechnung	**factura** *f*	[fakˈtura]
Reiseleiter	**guía** *m*	[ˈgia]
Rezeption	**recepción** *f*	[rreθeβˈθjon]

Saison	**temporada** *f*	[tempoˈraða]
Sauna	**sauna** *f*	[ˈsawna]
Schlüssel	**llave** *f*	[ˈʎaβe]
Schrank	**armario** *m*	[arˈmarjo]
Sessel	**sillón** *m*	[siˈʎon]
Sicherung	**fusible** *m*	[fuˈsible]
Solarium	**solario** *m*	[soˈlarjo]
Speisesaal	**comedor** *m*	[komeˈðor]
Spiegel	**espejo** *m*	[esˈpexo]
Steckdose	**enchufe** *m*	[enˈtʃufe]
Stuhl	**silla** *f*	[ˈsiʎa]
Swimmingpool	**piscina** *f*	[pisˈθina]
Telefon	**teléfono** *m*	[teˈlefono]
Teppich	**alfombra** *f*	[alˈfombra]
Terrasse	**terraza** *f*	[teˈrraθa]
Tisch	**mesa** *f*	[ˈmesa]
Toilette	**servicio** *m*	[serˈβiθjo]
Treppe	**escalera** *f*	[eskaˈlera]
Tür	**puerta** *f*	[ˈpwerta]
Türschloss	**cerradura** *f*	[θerraˈðura]
Übernachtung	**pernoctación** *f*	[pernoktaˈθion]
Unterkunft	**alojamiento** *m*	[aloxaˈmjento]
Ventilator	**ventilador** *m*	[bentilaˈðor]
Vollpension	**pensión** *f* **completa**	[penˈsjon komˈpleta]
Wand	**pared** *f*	[paˈreð]
Waschbecken	**lavabo** *m*	[laˈβaβo]
Zimmer	**habitación** *f*	[aβitaˈθjon]
Zimmermädchen	**señora** *f* **del servicio**	[seˈɲora del serˈbiθjo]

Das Abendessen ist von ... bis ...	**La cena es de... a...**	[la ˈθena es de ... a ...]
Bitte legen Sie benutzte Badetücher auf den Boden.	**Por favor, deje las toallas usadas en el suelo.**	[por faˈβor ˈdexe las toˈaʎas uˈsaðas en el ˈswelo]
Die Sauna ist bis 22 Uhr geöffnet.	**La sauna está abierta hasta las diez de la noche.**	[la ˈsawna esˈta aβjerta ˈasta las ˈdjeθ de la ˈnotʃe]
Unseren Weckruf können Sie an der Rezeption bestellen.	**Si quiere que le despierten, pídalo en recepción.**	[si ˈkjere ke le desˈpjerten ˈpiðalo en rreθeβˈθjon]
Den Zimmerschlüssel geben Sie beim Verlassen des Hotels bitte an der Rezeption ab.	**Deje las llaves en la recepción si va a salir del hotel.**	[ˈdexe las ˈʎaβes en la rreθeβˈθjon si ba a saˈlir del oˈtel]
Der Notausgang befindet sich an jedem Ende des Flures.	**La salida de emergencia está al final de cada pasillo.**	[la saˈliða de emerˈxenθja esˈta al fiˈnal de ˈkaða paˈsiʎo]
Der Aufzug ist leider defekt.	**Desgraciadamente, el ascensor no funciona.**	[desɣraθjaðaˈmente el asθenˈsor no funˈθjona]

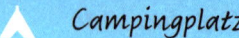
Gibt es in der Nähe einen Campingplatz?	**¿Hay un camping por aquí cerca?**	[aj un ˈkamping ˈpor aˈki ˈθerka]
Vermieten Sie auch Wohnwagen?	**¿Alquilan también caravanas?**	[alˈkilan tamˈbjen karaˈβanas]
Haben Sie noch Platz für ein Zelt/einen Wohnwagen?	**¿Tienen sitio para una tienda/caravana?**	[ˈtjenen ˈsitjo ˈpara ˈuna ˈtjenda/ karaˈβana]
Können wir hier zelten?	**¿Podemos acampar aquí?**	[poˈðemos akamˈpar aˈki]
Können wir einen Platz im Schatten erhalten?	**¿Puede darnos un sitio a la sombra?**	[ˈpweðe ˈdarnos un ˈsitjo a la ˈsombra]
Wie hoch ist die Gebühr für ein Auto/einen Wohnwagen/ein Zelt?	**¿Cuál es la tarifa para un coche/una caravana/una tienda?**	[ˈkwal es la taˈrifa ˈpara un ˈkotʃe/ ˈuna karaˈβana/ ˈuna ˈtjenda]
Wie hoch ist die Gebühr pro Übernachtung und Kopf?	**¿Cuál es la tarifa por noche y por persona?**	[ˈkwal es la taˈrifa por ˈnotʃe i por perˈsona]
Welche Öffnungszeiten hat die Campingplatz-Verwaltung?	**¿Qué horario tiene la oficina del camping?**	[ke oˈrarjo ˈtjene la ofiˈθina del ˈkamping]

Ich bleibe … Tage/ Wochen.	**Me quedo… días/ semanas.**	[me ˈkeðo … ˈdias/ seˈmanas]
Kann ich hier Gas- flaschen ausleihen?	**¿Alquilan bombonas de gas?**	[alˈkilan bomˈbonas de gas]
Können Sie mir einen Hammer leihen?	**¿Podría prestarme un martillo?**	[poˈðria presˈtarme un marˈtiʎo]
Kann man hier …?	**¿Se puede…?**	[se ˈpweðe …]
Gibt es hier einen Stromanschluss?	**¿Hay toma de corri- ente?**	[aj ˈtoma de koˈrrjente]
Haben Sie hier 220 oder 110 Volt?	**¿La corriente va a doscientos veinte o a ciento diez?**	[la koˈrrjente ba a dosˈθjentos ˈbeinte o a ˈθjento ˈdjeθ]
Haben Sie bitte Butangas?	**Por favor, ¿tienen butano?**	[por faˈβor ˈtjenen buˈtano]
Gibt es in der Nähe einen Supermarkt?	**¿Hay un supermer- cado por aquí cerca?**	[aj un super- merˈkaðo por aˈki ˈθerka]
Gibt es hier einen Kinderspielplatz?	**¿Hay aquí un parque infantil?**	[aj aˈki un ˈparke infanˈtil]

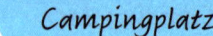
Wird der Platz nachts bewacht?	**¿Está vigilado por la noche?**	[es'ta bixi'laðo por la 'notʃe]
Wo sind die Mülltonnen/Toiletten/Waschräume?	**¿Dónde están los contenedores de basura/los servicios/los lavabos?**	['donde es'tan los kontene'ðores de ba'sura/los ser'βiθjos/los la'βaβos]
Wo kann ich hier das Chemieklo entsorgen?	**¿Dónde puedo descargar el váter de la caravana?**	['donde 'pweðo deskar'gar el 'bater de la kara'βana]
Wo kann ich Zeltzubehör kaufen/ausleihen?	**¿Dónde venden/alquilan accesorios de camping?**	['donde 'benden/al'kilan agθe'sorjos de 'kamping]
Wo kann man hier ...?	**¿Dónde se puede...?**	['donde se 'pweðe ...]
Wo sind die Duschen?	**¿Dónde están las duchas?**	['donde es'tan las 'dutʃas]
Wo sind die Toiletten?	**¿Dónde están los servicios?**	['donde es'tan los ser'βiθjos]
Wo gibt es ...?	**¿Dónde está...?**	['donde es'ta...]

Camping	**camping** *m*	[ˈkamping]
Campingausweis	**carné** *m* **de camping**	[karˈne de ˈkamping]
Campingplatz	**camping** *m*	[ˈkamping]
Campingstuhl	**silla** *f* **de camping**	[ˈsiʎa de ˈkamping]
Campingtisch	**mesa** *f* **de camping**	[ˈmesa de ˈkamping]
Dusche	**duchas** *f pl*	[ˈdutʃas]
Fahrräder	**bicicletas** *f pl*	[biθiˈkletas]
Gasflasche	**bombona** *f*	[bomˈbona]
Geschirr	**vajilla** *f*	[baˈxiʎa]
Grill	**parrilla** *f*	[paˈrriʎa]
Kochgeschirr	**batería** *f* **de cocina**	[bateˈria de koˈθina]
Kühlschrank	**frigorífico** *m*	[frigoˈrifiko]
Leihgebühr	**precio** *m* **de alquiler**	[ˈpreθjo de alkiˈler]
Schlafsack	**saco** *m* **de dormir**	[ˈsako de dorˈmir]
Spirituskocher	**infiernillo** *m*	[infjerˈniʎo]
Spülbecken	**fregadero** *m*	[fregaˈðero]
Steckdose	**enchufe** *m*	[enˈtʃufe]
Stellplatz	**aparcamiento** *m*	[aparkaˈmjento]
Stromanschluss	**toma** *f* **de corriente**	[ˈtoma de koˈrrjente]
Toiletten	**aseos** *m pl*	[aˈseos]
Trinkwasser	**agua** *m* **potable**	[ˈagwa poˈtaβle]
Wohnmobil	**caravana** *f*	[karaˈβana]
Zelt	**tienda** *f* **de campaña**	[ˈtjenda de kamˈpaɲa]
zelten	**acampar**	[akamˈpar]

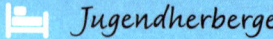

Gibt es hier eine Jugendherberge?	**¿Hay un albergue juvenil aquí?**	[aj un alˈβerge xuβeˈnil aˈki]
Haben Sie noch etwas frei?	**¿Les queda algo libre?**	[les ˈkeða ˈalgo ˈliβre]
Gibt es Familien-zimmer?	**¿Hay habitaciones familiares?**	[aj aβitaˈθjones famiˈljares]
Wie viel kostet die Übernachtung?	**¿Cuánto cuesta la noche?**	[ˈkwanto ˈkwesta la ˈnotʃe]
Kann ich Bettwäsche ausleihen?	**¿Alquilan ropa de cama?**	[alˈkilan ˈrropa de ˈkama]
Bis wie viel Uhr abends ist Einlass?	**¿Hasta qué hora se puede entrar?**	[ˈasta ke ˈora se ˈpweðe enˈtrar]
Erhalten wir mehrere Zimmerschlüssel?	**¿Nos dan más de una llave?**	[nos dan mas de ˈuna ˈʎaβe]
Wann sind denn die Essenszeiten?	**¿Qué horario de comidas hay?**	[ke oˈrarjo de koˈmiðas aj]
Wann gibt es Früh-stück?	**¿Cuándo es el desa-yuno?**	[ˈkwando es el desaˈjuno]
Gibt es Doppel-zimmer?	**¿Hay habitaciones dobles?**	[aj aβitaˈθjones ˈdoβles]

Abmeldung	**baja** *f*	['baxa]
Adapter	**adaptador** *m*	[aðapta'ðor]
Anmeldung	**inscripción** *f*	[inskrip'θjon]
Bad	**baño** *m*	['baɲo]
Bettlaken	**sábana** *f* **bajera**	['saβana ba'xera]
Betttuch	**sábana encimera**	['saβana enθi'mera]
Bettwäsche	**sábanas** *f pl*	['saβanas]
bügeln	**planchar**	[plan'tʃar]
Dosen	**latas** *f pl*	['latas]
Dusche	**ducha** *f*	['dutʃa]
Einzelzimmer	**habitación** *f* **individual**	[aβita'θjon indiβi'ðwal]
Erdgeschoss	**planta** *f* **baja**	['planta 'baxa]
Essgeschirr	**vajilla** *f*	[ba'xiʎa]
Fahrrad	**bicicleta** *f*	[biθi'kleta]
Fernsehraum	**salón** *m* **de televisión**	[sa'lon de teleβi'sjon]
Gemeinschaftsraum	**sala** *f* **común**	['sala ko'mun]
Handtuch	**toalla** *f*	[to'aʎa]
Herbergseltern	**conserjes** *m pl* **del albergue**	[kon'serxes del al'βerge]
Jugendgruppe	**grupo** *m* **juvenil**	['grupo xuβe'nil]
Jugendherberge	**albergue** *m* **juvenil**	[al'βerge xuβe'nil]
Jugendherbergsausweis	**carné** *m* **de alberguista**	[kar'ne de alβer'gista]
Kochmöglichkeit	**cocinilla** *f*	[koθi'niʎa]
leihen	**alquilar**	[alki'lar]
Mitgliedskarte	**tarjeta** *f* **de socio**	[tar'xeta de 'soθjo]

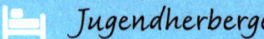

Notausgang	**salida** *f* **de emergencia**	[saˈliða de emerˈxenθja]
parken	**aparcar**	[aparˈkar]
Pfand	**casco** *m*	[ˈkasko]
Post	**correo** *m*	[koˈrreo]
Rechnung	**factura** *f*	[fakˈtura]
Reinigung	**limpieza** *f*	[limˈpjeθa]
Safe	**caja** *f* **fuerte**	[ˈkaxa ˈfwerte]
Schlafsaal	**dormitorio** *m*	[dormiˈtorjo]
Schlafsack	**saco** *m* **de dormir**	[ˈsako de dorˈmir]
Speisesaal	**comedor** *m*	[komeˈðor]
Strom	**electricidad** *f*	[elektriθiˈðað]
Tresor	**caja** *f* **fuerte**	[ˈkaxa ˈfwerte]

> **i**
>
> *Vorsicht!*
> *Im Allgemeinen beträgt die Spannung in Spanien 220 Volt,*
> *manchmal findet man aber auch 110 Volt vor. In diesem Fall*
> *funktionieren Ihre Elektrogeräte nur, wenn sie sich auf 110 Volt*
> *herunterstufen lassen.*

Voranmeldung	**reserva** *f* **anticipada**	[rreˈserβa antiθiˈpaða]
Waschmaschine	**lavadora** *f*	[laβaˈðora]
Waschraum	**lavabos** *m pl*	[laˈβabos]
Wertsachen	**cosas** *f pl* **de valor**	[ˈkosas de baˈlor]
Zimmerschlüssel	**llave** *f* **de la habitación**	[ˈʎaβe de la aβitaˈθjon]

Haben Sie noch eine Wohnung frei?	**¿Les queda algún apartamento libre?**	[les ˈkeða alˈgun apartaˈmento ˈliβre]
Haben Sie eine Wohnung mit Balkon?	**¿Tienen apartamentos con balcón?**	[ˈtjenen apartaˈmentos kon balˈkon]
Gibt es eine Wohnung mit einem Kinderzimmer?	**¿Tienen algún apartamento con habitación para niños?**	[ˈtjenen alˈgun apartaˈmento kon aβitaˈθjon ˈpara ˈniɲos]
Wie groß ist die Wohnung?	**¿Cómo de grande es el apartamento?**	[ˈkomo de ˈgrande es el apartaˈmento]
Was kostet die Wohnung in der Hauptsaison/Nebensaison?	**¿Cuánto cuesta el apartamento en temporada alta/baja?**	[ˈkwanto ˈkwesta el apartaˈmento en tempoˈraða ˈalta/ˈbaxa]
Wir hätten gern zwei Wohnungen nebeneinander.	**Queríamos dos apartamentos uno al lado del otro.**	[keˈriamos dos apartaˈmentos ˈuno al ˈlaðo del ˈotro]
Ich habe eine Wohnung reserviert.	**He reservado un apartamento.**	[e rreserˈβaðo un apartaˈmento]

Deutsch	Español	Aussprache
In welcher Etage ist unsere Wohnung?	**¿En qué planta está nuestro apartamento?**	[en ke ˈplanta esˈta ˈnwestro apartaˈmento]
Wie viele Zimmer hat die Wohnung?	**¿Cuántas habitaciones tiene el apartamento?**	[ˈkwantas aβitaˈθjones ˈtjene el apartaˈmento]
Haben Sie eine größere/kleinere Wohnung für uns?	**¿Tiene usted un apartamento más grande/pequeño para nosotros?**	[ˈtjene usˈteð un apartaˈmento mas ˈgrande/peˈkeɲo ˈpara noˈsotros]
Können Sie uns noch andere Wohnungen zeigen?	**¿Podría enseñarnos otros apartamentos?**	[poˈðria enseˈɲarnos ˈotros apartaˈmentos]
Wir nehmen die Wohnung.	**Nos quedamos con el apartamento.**	[nos keˈðamos kon el apartaˈmento]
Wo bekommen wir den Schlüssel?	**¿Dónde nos dan las llaves?**	[ˈdonde nos dan las ˈʎaβes]
Sind Haustiere erlaubt?	**¿Se pueden traer animales?**	[se ˈpweðen traˈer aniˈmales]
Kann man Bettwäsche ausleihen?	**¿Se puede alquilar ropa de cama?**	[se ˈpweðe alkiˈlar ˈrropa de ˈkama]

Gibt es ein zusätzliches Kinderbett?	**¿Hay una cuna adicional?**	[aj ˈuna ˈkuna aðiθjoˈnal]
Gibt es eine Klimaanlage?	**¿Hay aire acondicionado?**	[aj ˈaire akondiθjoˈnaðo]
Ist ein Fernseher in der Wohnung?	**¿Hay televisión en el apartamento?**	[aj teleβiˈsjon en el apartaˈmento]
Ist die Küche komplett?	**¿Hay cocina completa?**	[aj koˈθina komˈpleta]
Gibt es Gartenmöbel?	**¿Hay mobiliario para el jardín?**	[aj moβiˈljarjo ˈpara el xarˈðin]
Haben Sie Sonnenschirme?	**¿Tienen sombrillas?**	[ˈtjenen somˈbriʎas]
Ist ein Spielplatz in der Nähe?	**¿Hay un parque infantil cerca?**	[aj un ˈparke infanˈtil ˈθerka]
Wie weit ist es bis zur nächsten Stadt?	**¿Cuántos kilómetros hay hasta la próxima ciudad?**	[ˈkwantos kiˈlometros aj ˈasta la ˈprogsima θjuˈðað]
Ist die Endreinigung im Preis inbegriffen?	**¿Está la última limpieza incluida?**	[esˈta la ˈultima limˈpjeθa iŋklwˈiða]

Kann ich hier Fahrräder/Liegen leihen?	**¿Alquilan bicicletas/ tumbonas?**	[alˈkilan biθiˈkletas/ tumˈbonas]
Ist der Stromverbrauch im Mietpreis enthalten?	**¿El consumo de electricidad está incluido en el precio?**	[el konˈsumo de elektriθiˈðað esˈta iŋˈklwiðo en el ˈpreθio]
Wo ist der Sicherungskasten?	**¿Dónde está la caja de fusibles?**	[ˈdonde esˈta la ˈkaxa de fuˈsiβles]
Die Heizung funktioniert nicht richtig.	**La calefacción no funciona bien.**	[la kalefaɣˈθjon no funˈθjona ˈbjen]
Unsere Nachbarn rechts/links/oben/ unten sind zu laut in der Nacht.	**Nuestros vecinos de la derecha/ izquierda/arriba/ abajo hacen demasiado ruido por la noche.**	[ˈnwestros beˈθinos de la deˈretʃa/iθˈkjerða/ aˈrriba/aˈbaxo ˈaθen demaˈsjaðo ˈrrwiðo por la ˈnotʃe]
Die Klimaanlage ist kaputt.	**El aire acondicionado no funciona.**	[el ˈaire akondiˈθjoˈnaðo no funˈθjona]
Gibt es Fliegengitter?	**¿Hay alambreras?**	[aj alamˈbreras]

Abfluss	**desagüe** *m*	[de'sagwe]
Abreisetag	**día** *m* **de salida**	['dia de sa'liða]
Adapter	**adaptador** *m*	[aðapta'ðor]
Anreisetag	**día** *m* **de llegada**	['dia de ʎe'gaða]
Ansehen	**mirar**	[mi'rar]
Apartment	**apartamento** *m*	[aparta'mento]
Aufzug	**ascensor** *m*	[asθen'sor]
Badewanne	**bañera** *f*	[ba'ɲera]
Balkon	**balcón** *m*	[bal'kon]
Besteck	**cubiertos** *m pl*	[ku'βjertos]
Decke	**manta** *f*	['manta]
Doppelbett	**cama** *f* **doble**	['kama 'doβle]
Dusche	**ducha** *f*	['dutʃa]
Eisschrank	**congelador** *m*	[koŋxela'ðor]
Ferienhaus	**casa** *f* **de verano**	['kasa de be'rano]
Ferienwohnung	**apartamento** *m*	[aparta'mento]
Gartenstuhl	**silla** *f* **para el jardín**	['siʎa 'para el xar'ðin]
Geschirr	**vajilla** *f*	[ba'xiʎa]
Glühbirne	**bombilla** *f*	[bom'biʎa]
Grill	**parrilla** *f*	[pa'rriʎa]
Handtuch	**toalla** *f*	[to'aʎa]
Haustier	**animal** *m* **doméstico**	[ani'mal do'mestiko]
Haustürschlüssel	**llaves** *f pl* **de la puerta**	['ʎaβes de la 'pwerta]
Herd	**cocina** *f*	[ko'θina]
kaputt	**averiado**	[aβe'rjaðo]
Keller	**sótano** *m*	['sotano]

Kochnische	**cocina** *f* **integrada**	[koˈθina inteˈɡraða]
Küche	**cocina** *f*	[koˈθina]
Kühlschrank	**frigorífico** *m*	[friɡoˈrifiko]
Licht	**luz** *f*	[luθ]
Mülleimer	**cubo** *m* **de la basura**	[ˈkuβo de la baˈsura]
Nachbar	**vecino** *m*	[beˈθino]
Parkplatz	**aparcamiento** *m*	[aparkaˈmjento]
Quadratmeter	**metro** *m* **cuadrado**	[ˈmetro kwaˈðraðo]
Reklamation	**reclamación** *f*	[rreklamaˈθjon]
Ruhe	**silencio** *m*	[siˈlenθjo]
Schlafcouch	**sofá-cama** *m*	[soˈfa ˈkama]
Schlafzimmer	**dormitorio** *m*	[dormiˈtorjo]
Sonnenschirm	**sombrilla** *f*	[somˈbriʎa]
Spülmaschine	**lavavajillas** *m*	[laβaβaˈxiʎas]
Staubsauger	**aspiradora** *f*	[aspiraˈðora]
Steckdose	**enchufe** *m*	[enˈtʃufe]
Stecker	**enchufe** *m*	[enˈtʃufe]
Stellplatz	**aparcamiento** *m*	[aparkaˈmjento]
Stromanschluss	**toma** *f* **de corriente**	[ˈtoma de koˈrrjente]
Teller	**plato** *m*	[ˈplato]
Teppich	**alfombra** *f*	[alˈfombra]
Terrasse	**terraza** *f*	[teˈrraθa]
Waschmaschine	**lavadora** *f*	[laβaˈðora]
Wasseranschluss	**toma** *f* **de agua**	[ˈtoma de ˈaɣwa]
Wiege	**cuna** *f*	[ˈkuna]

Essen & Trinken

Ich möchte einen Tisch reservieren.	**Quería reservar una mesa.**	[ke'ria rreser'βar 'una 'mesa]
Bitte reservieren Sie uns einen Nichtraucher-Platz.	**Por favor, resérvenos una mesa en la zona de no fumadores.**	[por fa'βor rre'serβenos 'una 'mesa en la 'θona de no fuma'ðores]
Heute Abend gegen 20 Uhr.	**Esta tarde sobre las ocho.**	['esta 'tarðe 'soβre las 'otʃo]
Bis wann kann man bei Ihnen warm essen?	**¿Hasta qué hora sirven comida caliente?**	['asta ke 'ora 'sirβen ko'miða ka'ljente]

ⓘ *Es gibt in Spanien die verschiedensten Lokalitäten, die unterschiedliche Speisen und Getränke anbieten. Im „chiringuito", einem kleinen Lokal meist in Strandnähe, bekommen Sie Fischgerichte. In einer „taberna" trinkt man hauptsächlich Wein und „restaurantes" bieten Ihnen alle Arten von Gerichten.*

Haben Sie einen Parkplatz hinter dem Haus?	**¿Tienen un aparcamiento detrás de la casa?**	['tjenen un aparka'mjento de'tras de la 'kasa]
Können Sie zwei Tische zusammenschieben?	**¿Podría poner dos mesas juntas?**	[po'ðria po'ner dos 'mesas 'xuntas]

Abendessen	**cena** *f*	[ˈθena]
Begleitung	**compañía** *f*	[kompaˈɲia]
bestellen	**pedir**	[peˈðir]
Bestellung	**pedido** *m*	[peˈðiðo]
Empfehlung	**recomendación** *f*	[rrekomendaˈθjon]
Fenster	**ventana** *f*	[benˈtana]
Garderobe	**vestíbulo** *m*	[besˈtiβulo]
Karte	**plano** *m*	[ˈplano]
Kellner	**camarero** *m*	[kamaˈrero]
kinderlieb	**niñero**	[niˈɲero]
Menü	**menú** *m*	[meˈnu]
Mittagessen	**comida** *f*	[koˈmiða]
Nachspeise	**postre** *m*	[ˈpostre]
Parkplatz	**parking** *m*	[ˈparkjŋ]
Person	**persona** *f*	[perˈsona]
Portion	**porción** *f*	[porˈθjon]
Preis	**precio** *m*	[ˈpreθjo]
reservieren	**reservar**	[rreserˈβar]
Reservierung	**reserva** *f*	[rreˈserβa]
Restaurant	**restaurante** *m*	[rrestauˈrante]
Speisekarte	**carta** *f*	[ˈkarta]
Tageskarte	**menú** *m* **del día**	[meˈnu del dia]
telefonisch	**por teléfono**	[por teˈlefono]
Tisch	**mesa** *f*	[ˈmesa]
vegetarisch	**vegetariano**	[bexetaˈrjano]
vorbestellen	**pedir por anticipado**	[peˈðir por antiθiˈpaðo]
Vorspeise	**entremeses** *m pl*/ **primer plato** *m*	[entreˈmeses/ priˈmer ˈplato]
Weinkarte	**carta** *f* **de vinos**	[ˈkarta de ˈbinos]

Könnten Sie mir bitte einen Kindersitz bringen?	**¿Podría traerme una silla de niño?**	[poˈðria traˈerme ˈuna ˈsiʎa de ˈniɲo]
Ist die Bedienung inklusive?	**¿Está incluido el servicio?**	[esˈta inkluˈiðo el serˈβiθjo]
Würden Sie mir bitte die Speisekarte bringen?	**¿Puede traerme la carta, por favor?**	[ˈpweðe traˈerme la ˈkarta, por faˈβor]
Haben Sie eine Tages-karte/ein Tagessen?	**¿Tienen menú del día?**	[ˈtjenen meˈnu del ˈdia]
Servieren Sie auch vegetarische Gerichte/Diätkost?	**¿Sirven platos vegetarianos/para dietas?**	[ˈsirβen ˈplatos bexetaˈrjanos/ˈpara ˈdjetas]
Ich bin Vegetarier/Veganer/Diabetiker.	**Soy vegetariano/vegano/diabético.**	[soj bexetaˈrjano/beˈɡano/djaˈβetiko]
Ich esse kein Fleisch.	**No como carne.**	[no ˈkomo ˈkarne]
Was sind die typischen Gerichte der einheimi-schen Küche?	**¿Cuáles son los platos típicos de la cocina tradicional?**	[ˈkwales son los ˈplatos ˈtipikos de la koˈθina traðiθjoˈnal]

Was empfehlen Sie mir?	**¿Qué me recomienda?**	[ke me rreko'mjenda]
Was ist die Spezialität des Hauses?	**¿Cuál es la especialidad de la casa?**	['kwal es la espeθjali'ðað de la 'kasa]
Gibt es auch Kinderportionen?	**¿Tienen platos para niños?**	['tjenen 'platos 'para 'niɲos]
Ist der Fisch auch bestimmt frisch?	**¿El pescado es fresco?**	[el pes'kaðo es 'fresko]
Nein, wir haben noch nicht gewählt.	**No, todavía no hemos elegido.**	[no toða'βia no 'emos ele'xiðo]
Ich nehme ...	**Voy a tomar...**	[voj a to'mar ...]
Ich hätte gerne ...	**Quería...**	[ke'ria ...]
Ich hätte gerne das gleiche wie diese Dame/dieser Herr.	**Quería lo mismo que aquella señora/aquel señor.**	[ke'ria lo 'mismo ke a'keʎa se'ɲora/ a'kel se'ɲor]
Wie heißt dieses Gericht, bitte?	**Por favor, ¿cómo se llama este plato?**	[por fa'βor 'komo se 'ʎama 'este 'plato]

Das sieht sehr appetitlich aus.	**Tiene un aspecto muy apetitoso.**	[ˈtjene un asˈpekto mwi apetiˈtoso]
Ich vertrage keine/keinen ...	**Me sienta mal el/la...**	[me ˈsjenta mal el/ la ...]
Könnte ich statt Kartoffeln Reis bekommen?	**¿Podría ponerme arroz en lugar de patatas?**	[poˈðria poˈnerme aˈrroθ en luˈgar de paˈtatas]
Bitte ein Glas/eine Flasche Wasser/Wein.	**Por favor, un vaso/una botella de agua/de vino.**	[por faˈβor un ˈbaso/una boˈteʎa de ˈagwa/de ˈbino]
Als Vorspeise/Nachspeise hätte ich gerne ...	**De primero/postre quiero...**	[de priˈmero/ˈpostre ˈkjero ...]
Bringen Sie uns bitte noch etwas ...	**Por favor, tráiganos un poco más de...**	[por faˈβor ˈtrajganos un ˈpoko mas de ...]
Ja, ich nehme gerne noch etwas ...	**Sí, yo voy a tomar otro poco de...**	[si jo voj a toˈmar ˈotro ˈpoko de ...]
Ich bin satt, danke.	**Estoy lleno, gracias.**	[esˈtoj ˈʎeno ˈgraθjas]

Ich hätte gerne einen Verdauungsschnaps.	**Quisiera un licor** *m* **digestivo.**	[ki'sjera un li'kor dixes'tiβo]
Ich hätte gerne eine Tasse Kaffee ohne/mit Milch und Zucker.	**Quisiera una taza de café sin/con leche y azúcar.**	[ki'sjera 'una 'taθa de ka'fe sin/kon 'letʃe i a'θukar]
Kompliment an den Koch!	**Felicite al cocinero.**	[feli'θite al koθi'nero]
Es ist eine sehr angenehme Atmosphäre hier.	**Hay un ambiente muy agradable.**	[aj un am'biente mwi agra'ðaβle]
Auf meinem Tisch fehlen Salz/Pfeffer/Essig/Öl/ein Aschenbecher/eine Serviette/Zahnstocher.	**En mi mesa no hay sal/pimienta/vinagre/aceite/cenicero/servilletas/palillos.**	[en mi 'mesa no aj sal/pi'mjenta/bi'nagre/a'θeite/θeni'θero/serβi'ʎetas/pa'liʎos]
Zum Wohl!	**¡Salud!**	[sa'luð]
Guten Appetit!	**¡Buen provecho!**	['bwen pro'βetʃo]
Haben Sie eine deutschsprachige Speisekarte?	**¿Tienen un menú en alemán?**	['tjenen un me'nu en ale'man]

Beilage	**guarnición** f	[gwarniˈθjon]
Besteck	**cubiertos** m pl	[kuˈβjertos]
Bestellung	**pedido** m	[peˈðiðo]
Dessert	**postre** m	[ˈpostre]
Essig	**vinagre** m	[biˈnagre]
Flasche	**botella** f	[boˈteʎa]
Gabel	**tenedor** m	[teneˈðor]
Gang	**plato** m	[ˈplato]
Gericht	**plato** m	[ˈplato]
Geschmack	**sabor** m	[saˈβor]
groß	**grande**	[ˈgrande]
Hauptspeise	**segundo plato** m	[seˈgundo ˈplato]
hausgemacht	**casero**	[kaˈsero]
Kellner	**camarero** m	[kamaˈrero]
Ketschup	**ketchup** m	[keˈtʃup]
klein	**pequeño**	[peˈkeɲo]
Löffel	**cuchara** f	[kuˈtʃara]
Messer	**cuchillo** m	[kuˈtʃiʎo]
Nachtisch	**postre** m	[ˈpostre]
Pfeffer	**pimienta** f	[piˈmjenta]
Salz	**sal** f	[sal]
Serviette	**servilleta** f	[serβiˈʎeta]
Speisekarte	**carta** f	[ˈkarta]
Spezialität	**especialidad** f	[espeθjaliˈðað]
Suppe	**sopa** f	[ˈsopa]
Tasse	**taza** f	[ˈtaθa]
Teller	**plato** m	[ˈplato]
Vorspeise	**entremeses** m pl/	[entreˈmeses/
	primer plato m	priˈmer ˈplato]
Weinkarte	**carta** f de vinos	[ˈkarta de ˈbinos]

Frühstück

Brot	**pan** *m*	[pan]
Brötchen	**panecillo** *m*	[paneˈθiʎo]
Brötchen, belegt mit Serranoschinken	**bocadillo** *m* **con jamón serrano**	[bokaˈðiʎo kon xaˈmon seˈrrano]
Butter	**mantequilla** *f*	[manteˈkiʎa]
Ei	**huevo** *m*	[ˈweβo]
Fruchtsaft	**zumo** *m*	[ˈθumo]
Frühstück	**desayuno** *m*	[desaˈjuno]
Honig	**miel** *f*	[ˈmjel]
Joghurt	**yogurt** *m*	[joˈgur]
Kaffee	**café** *m*	[kaˈfe]
Kaffee mit Milch	**café** *m* **con leche**	[kaˈfe kon ˈletʃe]
Käse	**queso** *m*	[ˈkeso]
Manchegokäse	**queso** *m* **manchego**	[ˈkeso manˈtʃego]
Marmelade	**mermelada** *f*	[mermeˈlaða]
Milch	**leche** *f*	[ˈletʃe]
Müsli	**muesli** *m*	[ˈmwesli]
Obst	**fruta** *f*	[ˈfruta]
Quark	**requesón** *m*	[rrekeˈson]
Rührei	**huevos** *m pl* **revueltos**	[ˈweβos rreˈβweltos]
Schinken	**jamón** *m*	[xaˈmon]
Speck	**panceta** *f*	[panˈθeta]
Spiegelei	**huevo** *m* **frito**	[ˈweβo ˈfrito]
Tee	**té** *m*	[te]
Toast	**tostada** *f*	[tosˈtaða]
Weißbrot	**pan** *m* **blanco**	[pan ˈblaŋko]
Wurst	**embutido** *m*	[embuˈtiðo]

Vorspeisen

Artischocken	**alcachofas** *f pl*	[alkaˈtʃofas]
Austern	**ostras** *f pl*	[ˈostras]
Garnelen	**langostinos** *m pl*	[langosˈtinos]
Hummer	**langosta** *f*	[lanˈgosta]
Kaviar	**caviar** *m*	[kaˈβjar]
Krabben	**gambas** *f pl*	[ˈgambas]
Melone	**melón** *m*/**sandía** *f*	[meˈlon/sanˈðia]
Pastete	**paté** *m*	[paˈte]
Räucheraal	**anguila** *f* **ahumada**	[aŋˈgila auˈmaða]
Sardellen	**anchoas** *f pl*	[anˈtʃoas]
Schinken	**jamón** *m*	[xaˈmon]
gekocht	**cocido**	[koˈθiðo]
geräuchert	**ahumado**	[auˈmaðo]
Vorspeise	**entrada** *f*	[enˈtraða]

Suppen

Bohnensuppe	**sopa** *f* **de judías**	[ˈsopa de xuˈðias]
Brokkolicremesuppe	**crema** *f* **de brécol**	[ˈkrema de ˈbrekol]
Champignon-cremesuppe	**crema** *f* **de cham-piñones**	[ˈkrema de tʃampiˈɲones]
Fischsuppe	**sopa** *f* **de pescado**	[ˈsopa de pesˈkaðo]
Fleischbrühe	**caldo** *m* **de carne**	[ˈkaldo de ˈkarne]
Gemüsesuppe	**sopa** *f* **de verdura**	[ˈsopa de berˈðura]
Hühnersuppe	**sopa** *f* **de pollo**	[ˈsopa de ˈpoʎo]

Kartoffelsuppe	**sopa** *f* **de patatas**	[ˈsopa de paˈtatas]
Spargelcremesuppe	**crema** *f* **de espárragos**	[ˈkrema de esˈparragos]
Tomatencremesuppe	**crema** *f* **de tomate**	[ˈkrema de toˈmate]
Zwiebelsuppe	**sopa** *f* **de cebolla**	[ˈsopa de θeˈβoʎa]

Nudelgerichte

Bandnudeln	**tallarines** *m pl*	[taʎaˈrines]
Canneloni	**canelones** *m pl*	[kaneˈlones]
Gnocchi	**ñoquis** *m pl*	[ˈɲokis]
Lasagne	**lasaña** *f*	[laˈsaɲa]
Makkaroni	**macarrones** *m pl*	[makaˈrrones]
Nudeln	**pasta** *f*	[ˈpasta]
Spaghetti	**espaguetis** *m pl*	[espaˈgetis]

Salate

Bohnensalat	**ensalada** *f* **de judías**	[ensaˈlaða de xuˈðias]
Fischsalat	**ensalada** *f* **de pescado**	[ensaˈlaða de pesˈkaðo]
grüner Salat	**ensalada** *f* **verde**	[ensaˈlaða ˈberðe]
gemischter Salat	**ensalada** *f* **mixta**	[ensaˈlaða ˈmista]
Gurkensalat	**ensalada** *f* **de pepino**	[ensaˈlaða de peˈpino]
Nudelsalat	**ensalada** *f* **de pasta**	[ensaˈlaða de ˈpasta]
russischer Salat	**ensalada** *f* **rusa**	[ensaˈlaða ˈrusa]

| Reissalat | **ensalada** f **de arroz** | [ensaˈlaða de aˈrroθ] |
| Tomatensalat | **ensalada** f **de tomate** | [ensaˈlaða de toˈmate] |

Dressings

French Dressing	**aliño** m **francés**	[aˈliɲo franˈθes]
Joghurt-Dressing	**salsa** f **de yogur**	[ˈsalsa de joˈgur]
Knoblauchsoße	**alioli** m	[aliˈoli]
Kräutersoße	**salsa** f **de hierbas**	[ˈsalsa de ˈjerβas]
Öl und Essig	**aceite** m **y vinagre** m	[aˈθejte i biˈnagre]

Gewürze

Basilikum	**albahaca** f	[alβaˈaka]
Curry	**curry** m	[ˈkurri]
Gewürz	**especia** f	[esˈpeθja]
Knoblauch	**ajo** m	[ˈaxo]
Kreuzkümmel	**comino** m	[koˈmino]
Kümmel	**comino** m	[koˈmino]
Lorbeer	**laurel** m	[lauˈrel]
Muskat	**nuez** f **moscada**	[nwˈeθ mosˈkaða]
Oregano	**orégano** m	[oˈregano]
Paprika	**pimentón** m	[pimenˈton]
Pfeffer	**pimienta** f	[piˈmjenta]
Rosmarin	**romero** m	[rroˈmero]
Salz	**sal** f	[sal]
Senf	**mostaza** f	[mosˈtaθa]
Zimt	**canela** f	[kaˈnela]
Zucker	**azúcar** m	[aˈθukar]

Hauptgerichte
Fisch

Aal	**anguila** *f*	[aŋˈgila]
Dorsch	**bacalao** *m*	[bakaˈlao]
Forelle	**trucha** *f*	[ˈtrutʃa]
Garnelen	**langostinos** *m pl*	[laŋgosˈtinos]
Heilbutt	**rodaballo** *m*	[rroðaˈβaʎo]
Kabeljau	**bacalao** *m*	[bakaˈlao]
Karpfen	**carpa** *f*	[ˈkarpa]
Krebs	**cangrejo** *m*	[kaŋˈgrexo]
Lachs	**salmón** *m*	[salˈmon]
Makrele	**caballa** *f*	[kaˈβaʎa]
Meeresfrüchte	**marisco** *m*	[maˈrisko]
Miesmuscheln	**mejillones** *m pl*	[mexiˈʎones]
Paella	**paella** *f*	[paˈeʎa]
Rotbarsch	**barbo** *m*	[ˈbarβo]
Sardellen	**boquerones** *m pl*	[bokeˈrones]
Seelachs	**carbonero** *m*	[karβoˈnero]
Seezunge	**lenguado** *m*	[leŋˈgwaðo]
Thunfisch	**atún** *m*	[aˈtun]
Tintenfisch	**calamar** *m*	[kalaˈmar]
Tintenfischringe	**anillos** *m* **de calamar**	[aˈniʎos de kalaˈmar]
Venusmuscheln	**almejas** *f pl*	[alˈmexas]
roh	**crudo**	[ˈkruðo]
gekocht/gedünstet	**cocido**	[koˈθiðo]
gebraten	**frito/asado**	[ˈfrito/asaðo]
geräuchert	**ahumado**	[auˈmaðo]
vom Grill	**a la plancha**	[a la ˈplantʃa]

Geflügel

Ente	**pato** *m*	[ˈpato]
Gans	**oca** *f*	[ˈoka]
Hähnchen	**pollo** *m*	[ˈpoʎo]
Pute	**pavo** *m*	[ˈpaβo]
Truthahn	**pavo** *m*	[ˈpaβo]

Wild

Hase	**liebre** *f*	[ˈljeβre]
Hirsch	**ciervo** *m*	[ˈθjerβo]
Reh	**corzo** *m*	[ˈkorθo]
Wildschwein	**jabalí** *m*	[xaβaˈli]

Fleisch

Filet	**solomillo** *m*	[soloˈmiʎo]
Frikadelle	**albóndiga** *f*	[alˈβondiɣa]
Frikassee	**fricasé** *m*	[frikaˈse]
Gulasch	**gulasch** *m*	[guˈlaʃ]
Hackbraten	**asado** *m* **de carne picada**	[aˈsaðo de ˈkarne piˈkaða]
Haxe	**codillo** *m*	[koˈðiʎo]
Kalbfleisch	**carne** *f* **de ternera**	[ˈkarne de terˈnera]
Keule	**pierna** *f*	[ˈpjerna]
Kotelett	**chuleta** *f*	[tʃuˈleta]
Lende	**lomo** *m*	[ˈlomo]
Rindsrouladen	**asado** *m* **de vacuno**	[aˈsaðo de baˈkuno]

Rindfleisch	**carne** f **de vacuno**	['karne de ba'kuno]
Schulter	**hombro** m	['ombro]
Schweinefleisch	**carne** f **de cerdo**	['karne de 'θerðo]
Steak	**filete** m	[fi'lete]

Beilagen

Backkartoffeln	**patatas** f pl **asadas**	[pa'tatas a'saðas]
mit Sauerrahm	**con nata agria**	[kon 'nata 'agrja]
mit Kräuterbutter	**con mantequilla de hierbas**	[kon mante'kiʎa de 'jerβas]
Blumenkohl	**coliflor** f	[koli'flor]
Bohnen	**judías** f pl	[xu'ðias]
Bratkartoffeln	**patatas** f pl **salteadas**	[pa'tatas salte'aðas]
Erbsen	**guisantes** m pl	[gi'santes]
Fenchel	**hinojo** m	[i'noxo]
Gewürzgurken	**pepino** m	[pe'pino]
Grünkohl	**col** f **verde**	[kol 'berðe]
Gurke	**pepino** m	[pe'pino]
Kartoffelbrei	**puré** m **de patatas**	[pu're de pa'tatas]
Kartoffeln	**patatas** f pl	[pa'tatas]
Kroketten	**croquetas** f pl	[kro'ketas]
Lauch	**puerro** m	['pwerro]
Mais	**maíz** m	[ma'iθ]
Meerrettich	**rábano** m **picante**	['raβano pi'kante]
Möhren	**zanahorias** f pl	[θana'orjas]
Paprika	**pimiento** m	[pi'mjento]

gefüllte Paprika	**pimiento** *m* **relleno**	[pi'mjento rre'ʎeno]
Pellkartoffeln	**patatas** *f pl* **con piel**	[pa'tatas kon 'pjel]
Pommes frites	**patatas** *f pl* **fritas**	[pa'tatas 'fritas]
Reis	**arroz** *m*	[a'rroθ]
Radieschen	**rabanitos** *m pl*	[rraβa'nitos]
Rosenkohl	**coles** *f pl* **de Bruselas**	['koles de bru'selas]
Rote Beete	**remolacha** *f*	[rremo'latʃa]
Rotkohl	**col** *f* **roja**	[kol 'rroxa]
Salzkartoffeln	**patatas** *f pl* **cocidas**	[pa'tatas ko'θiðas]
Sellerie	**apio** *m*	['apjo]
Spargel	**espárragos** *m pl*	[es'parragos]
Spinat	**espinaca** *f*	[espi'naka]
Tomaten	**tomates** *m pl*	[to'mates]
Weißkohl	**repollo** *m*	[rre'poʎo]
Wirsing	**col** *f* **de Milán**	[kol de mi'lan]

Pilze

Champignon	**champiñones** *m pl*	[tʃampi'nones]
Morchel	**morilla** *f*	[mo'riʎa]
Pfifferling	**cantarela** *f*	[kanta'rela]
Steinpilz	**boleto** *m* **comestible**	[bo'leto komes'tiβle]

Eierspeisen

| hartgekochtes Ei | **huevo** *m* **duro** | ['weβo 'duro] |

weichgekochtes Ei	**huevo** *m* **pasado por agua**	[ˈweβo paˈsaðo por ˈagwa]
Rührei	**huevos** *m pl* **revueltos**	[ˈweβos rreˈβweltos]
Spiegelei	**huevo** *m* **frito**	[ˈweβo ˈfrito]
Omelett	**tortilla** *f* **francesa**	[torˈtiʎa franˈθesa]

Süßspeisen

Creme/Mousse	**crema** *f/* **mousse** *m*	[ˈkrema/mus]
Eis	**helado** *m*	[eˈlaðo]
mit heißen Himbeeren	**con frambuesas calientes**	[kon framˈbwesas kaˈljentes]
mit heißer Schokolade	**con chocolate caliente**	[kon tʃokoˈlate kaˈljente]
Eisbecher	**copa** *f* **de helado**	[ˈkopa de eˈlaðo]
gemischtes Eis	**helado** *m* **mixto**	[eˈlaðo ˈmisto]
Kuchen	**tarta** *f*	[ˈtarta]
Obstsalat	**macedonia** *f*	[maθeˈðonja]
Pfannkuchen	**crepe** *f*	[ˈkrepe]
Pudding	**flan** *m*	[flan]
Schokolade	**chocolate** *m*	[tʃokoˈlate]
Torte	**tarta** *f*	[ˈtarta]
Portion Schlagsahne	**porción** *f* **de nata montada**	[porˈθjon de ˈnata monˈtaða]
Vanille	**vainilla** *f*	[baiˈniʎa]
Waffeln	**gofre** *m*	[ˈgofre]
Windbeutel	**buñuelo** *m*	[buɲuˈelo]

Das Essen war ausgezeichnet.	**La comida ha sido estupenda.**	[la ko'miða a 'siðo estu'penda]
Kompliment an den Koch.	**Felicite al cocinero.**	[feli'θite al koθi'nero]
Wir sind sehr zufrieden.	**Estamos muy satisfechos.**	[es'tamos mwi satis'fetʃos]
Es hat mir nicht geschmeckt.	**No me ha gustado.**	[no me a gus'taðo]
Das Essen ist kalt/versalzen.	**La comida está fría/demasiado salada.**	[la ko'miða es'ta 'fria/dema'sjaðo sa'laða]
Der Fisch ist nicht frisch.	**El pescado no es fresco.**	[el pes'kaðo no es 'fresko]
Das habe ich nicht bestellt.	**Esto no es lo que he pedido.**	['esto no es lo ke e pe'ðiðo]
Haben Sie mein(e) ... vergessen?	**¿Ha olvidado mi...?**	[a olβi'ðaðo mi ...]
Hier fehlt ein(e) ..., bitte!	**Por favor, falta un/una...**	[por fa'βor 'falta un/'una ...]

Nehmen Sie es bitte zurück.	**Lléveselo otra vez.**	[ˈʎeβeselo ˈotra beθ]
Bezahlen, bitte!	**La cuenta, por favor.**	[la ˈkwenta por faˈβor]
Bitte berechnen Sie alles zusammen.	**Todo junto, por favor.**	[ˈtoðo ˈxunto por faˈβor]
Getrennte Rechnungen, bitte.	**Cuentas separadas, por favor.**	[ˈkwentas sepaˈraðas por faˈβor]
Ich hatte folgende Speisen:	**Yo he comido estos platos:**	[jo e koˈmiðo ˈestos ˈplatos]
Geben Sie mir bitte eine Quittung.	**Por favor, déme una factura.**	[por faˈβor ˈdeme ˈuna fakˈtura]
Kann ich mit Kreditkarte zahlen?	**¿Puedo pagar con tarjeta de crédito?**	[ˈpweðo paˈgar kon tarˈxeta de ˈkreðito]
Es stimmt so.	**Está bien así.**	[esˈta ˈbjen aˈsi]
Die Rechnung scheint mir nicht zu stimmen.	**Me parece que la cuenta no está bien.**	[me paˈreθe ke la ˈkwenta no esˈta ˈbjen]

ablehnen	**rechazar**	[rretʃaˈsar]
ausgezeichnet	**estupendo**	[estuˈpendo]
Bedienung	**servicio** *m*	[serˈβiθjo]
beschweren	**quejarse**	[keˈxarse]
Besteck	**cubiertos** *m pl*	[kuˈβjertos]
bestellen	**pedir**	[peˈðir]
dreckig	**sucio**	[ˈsuθjo]
fehlen	**faltar**	[falˈtar]
frisch	**fresco**	[ˈfresko]
Gast	**cliente** *m/f*	[ˈkljente]
Geld	**dinero** *m*	[diˈnero]
genau	**exacto**	[eˈsakto]
Getränk	**bebida** *f*	[beˈβiða]
getrennt	**separado**	[sepaˈraðo]
Glas	**vaso** *m*/**copa** *f*	[ˈbaso/ˈkopa]
Hunger	**hambre** *m*	[ˈamβre]
Irrtum	**error** *m*	[eˈrror]
kalt	**frío**	[ˈfrio]
Kleingeld	**dinero** *m* **suelto**	[diˈnero ˈswelto]
langsam	**despacio**	[desˈpaθjo]
lauwarm	**templado**	[temˈplaðo]
Löffel	**cuchara** *f*	[kuˈtʃara]
Messer	**cuchillo** *m*	[kuˈtʃiʎo]
Portion	**porción** *f*	[porˈθjon]
Quittung	**factura** *f*	[fakˈtura]
Rechnung	**cuenta** *f*	[ˈkwenta]
Rest	**resto** *m*	[ˈresto]
scharf	**picante**	[piˈkante]
schlecht	**malo**	[ˈmalo]
schmecken	**saber/gustar**	[saˈβer/gusˈtar]

spät	**tarde**	[ˈtarðe]
Teller	**plato** *m*	[ˈplato]
Trinkgeld	**propina** *f*	[proˈpina]
unfreundlich	**desagradable**	[desagraˈðaβle]
verdorben	**podrido**	[poˈðriðo]
vergessen	**olvidado**	[olβiˈðaðo]
verpfeffert	**con demasiada pimienta**	[kon demaˈsjaða piˈmjenta]

In Spanien gibt es in Bars sehr häufig auch die Möglichkeit, ein Tagesmenü („Menú del día") oder kleine Häppchen („Tapas") zu essen. Tapas werden zu Wein oder Bier serviert. In einem spanischen Restaurant wird nur sehr selten vor 21 Uhr zu Abend gegessen.

verrechnet	**mal calculado**	[mal kalkuˈlaðo]
versalzen	**demasiado salado**	[demaˈsjaðo saˈlaðo]
verschüttet	**derramado**	[derraˈmaðo]
warten	**esperar**	[espeˈrar]
Wechselgeld	**cambio** *m*	[ˈkambjo]
zahlen	**pagar**	[paˈgar]
zu fett	**demasiado graso**	[demaˈsjaðo ˈgraso]
zu heiß	**demasiado caliente**	[demaˈsjaðo kaˈljente]
zu kalt	**demasiado frío**	[demaˈsjaðo ˈfrio]
zu sauer	**demasiado ácido**	[demaˈsjaðo ˈaθiðo]

Gibt es hier eine nette Bar?	**¿Hay un bar agradable por aquí?**	[aj un bar agraˈðaβle por aˈki]
Welche Garderobe ist dort angebracht?	**¿Qué ropa hay que llevar?**	[ke ˈrropa aj ke ʎeˈβar]
Um wieviel Uhr schließen Sie?	**¿A qué hora cierran?**	[a ke ˈora ˈθjerran]
Kann man dort auch etwas essen?	**¿Sirven comidas?**	[ˈsirβen koˈmiðas]
Welche Cocktails haben Sie?	**¿Qué cócteles tienen?**	[ke ˈkokteles ˈtjenen]
Ich hätte gerne einen Longdrink.	**Una copa, por favor.**	[ˈuna ˈkopa por faˈβor]
Führen Sie auch alkoholfreie Drinks?	**¿Tienen bebidas sin alcohol?**	[ˈtjenen beˈβiðas sin alˈkol]
Ist in dem Getränk Alkohol?	**¿Esta bebida tiene alcohol?**	[ˈesta beˈβiða ˈtjene alˈkol]
Darf ich Sie auf einen Drink einladen?	**¿Me permite que le invite a una copa?**	[me perˈmite ke le inˈβite a ˈuna ˈkopa]

Würden Sie mit mir tanzen?	**¿Quiere bailar conmigo?**	[ˈkjere bajˈlar konˈmigo]
Ist dieser Platz noch frei?	**¿Está libre?**	[esˈta ˈliβre]
Ich hätte gern ein Glas Saft.	**Quiero un zumo.**	[ˈkjero un ˈθumo]
Mit/Ohne Eis!	**Con/Sin hielo.**	[kon/sin ˈjelo]
Ich möchte eine kleine/mittlere/ große/sehr große Portion Eis.	**Quiero un helado pequeño/mediano/ grande/muy grande.**	[ˈkjero un eˈlaðo peˈkeɲo/ meˈðiano/ˈgrande/ mwi ˈgrande]
Welche Eissorten können Sie mir anbieten?	**¿Qué helados tienen?**	[ke eˈlaðos ˈtjenen]
Ist Alkohol in dem Eisbecher?	**¿Tiene alcohol la copa de helado?**	[ˈtjene alˈkol la ˈkopa de eˈlaðo]
Ich möchte bitte ein Stück Kuchen.	**Quería un trozo de pastel, por favor.**	[keˈria un ˈtrozo de pasˈtel por faˈβor]
Zahlen, bitte!	**La cuenta, por favor.**	[la ˈkwenta por faˈβor]

Bananeneis	**helado** *m* **de plátano**	[eˈlaðo de ˈplatano]
Bar	**bar** *m*	[bar]
Bardame	**camarera** *f*	[kamaˈrera]
Barhocker	**taburete** *m*	[taβuˈrete]
Café	**café** *m*	[kaˈfe]
Discjockey	**pinchadiscos** *m*	[pintʃaˈðiskos]
Eiscafe	**café** *m* **con helado**	[kaˈfe kon eˈlaðo]
Eisschokolade	**chocolate** *m* **con helado**	[tʃokoˈlate kon eˈlaðo]
Eiswaffeln	**barquillos** *m pl*	[barˈkiʎos]
Eiswürfel	**cubitos** *m pl* **de hielo**	[kuˈβitos de ˈjelo]
Erdbeereis	**helado** *m* **de fresa**	[eˈlaðo de ˈfresa]
Feuerzeug	**mechero** *m*	[meˈtʃero]
Fruchtcocktail	**cóctel** *m* **de frutas**	[ˈkoktel de ˈfrutas]
gemischtes Eis	**helado** *m* **mixto**	[eˈlaðo ˈmisto]
Kaffee	**café** *m*	[kaˈfe]
Kaffeegedeck	**servicio** *m* **de café**	[serˈβiθjo de kaˈfe]
Kaffeelöffel	**cucharilla** *f*	[kutʃaˈriʎa]
Kaffeetasse	**taza** *f* **de café**	[ˈtaθa de kaˈfe]
Kuchen	**tarta** *f*	[ˈtarta]
Lokalrunde	**ronda** *f* **pagada**	[ˈrronda paˈgaða]
Maronen	**castañas** *f pl*	[kasˈtaɲas]
Milch	**leche** *f*	[ˈletʃe]
Musik	**música** *f*	[ˈmusika]
Plätzchen	**galletitas** *f pl* **de Navidad**	[gaʎeˈtitas de naβiˈðað]

Sahne	**nata** *f*	[ˈnata]
Sahnebaiser	**merengue** *m*	[meˈreŋge]
Sahnetorte	**tarta** *f* **de nata**	[ˈtarta de ˈnata]
Schokolade	**chocolate** *m*	[tʃokoˈlate]
Schokoladeneis	**helado** *m* **de chocolate**	[eˈlaðo de tʃokoˈlate]
Serviette	**servilleta** *f*	[serβiˈʎeta]
Strohhalm	**pajita** *f*	[paˈxita]
Tee	**té** *m*	[te]
Teegebäck	**pastas** *f pl* **de té**	[ˈpastas de te]
Tisch	**mesa** *f*	[ˈmesa]
Tischkerze	**vela** *f*	[ˈbela]

Das soziale Leben der Spanier spielt sich hauptsächlich in den zahlreichen Bars ab. Ein Spanier wird Sie lieber in eine Bar einladen als zu sich nach Hause, um dort dem „tomar algo" zu frönen: Reden und nebenbei ein Glas Bier („cerveza") oder einen Kaffee trinken.

Torte	**tarta** *f*	[ˈtarta]
Trinkgeld	**propina** *f*	[proˈpina]
Untertasse	**platillo** *m*	[plaˈtiʎo]
Vanilleeis	**helado** *m* **de vainilla**	[eˈlaðo de bajˈniʎa]
Zigarettenautomat	**máquina** *f* **de tabaco**	[ˈmakina de taˈβako]
Zitroneneis	**helado** *m* **de limón**	[eˈlaðo de liˈmon]
Zucker	**azúcar** *m*	[aˈθukar]

alkoholfreies Getränk	**bebida** *f* **sin alcohol**	[beˈβiða sin alˈkol]
Apfelsaft	**zumo** *m* **de manzana**	[ˈθumo de manˈθana]
Branntwein	**coñac** *m*	[koˈɲak]
Limonade	**refresco** *m*	[rreˈfresko]
Cappuccino	**capuchino** *m*	[kapuˈtʃino]
Champagner	**champán** *m*	[tʃamˈpan]
Cola	**coca** *f*	[ˈkoka]
Cocktail	**cóctel** *m*	[ˈkoktel]
heiße Schokolade	**chocolate** *m* **caliente**	[tʃokoˈlate kaˈljente]
Kognak	**coñac** *m*	[koˈɲak]
Likör	**licor** *m*	[liˈkor]
Longdrinks	**copas** *f pl*	[ˈkopas]
Magenbitter	**amargo** *m*	[aˈmargo]
Mineralwasser	**agua** *f* **mineral**	[ˈagwa mineˈral]
ohne/mit Kohlensäure	**sin/con gas** *m*	[sin/kon gas]
Orangensaft	**zumo** *m* **de naranja**	[ˈθumo de naˈraŋxa]
Rotwein	**vino** *m* **tinto**	[ˈβino ˈtinto]
Sekt	**cava** *m*/**champán** *m*	[ˈkaβa/tʃamˈpan]
stilles Wasser	**agua** *f* **mineral sin gas**	[ˈagwa miˈneral sin gas]
Tomatensaft	**zumo** *m* **de tomate**	[ˈθumo de toˈmate]
Weißwein	**vino** *m* **blanco**	[ˈbino ˈblaŋko]

Shopping & Service

Heute im Angebot!	**¡Hoy de oferta!**	[oi de o'ferta]
Wo bitte sind die Einkaufswagen?	**¿Dónde están los carros de la compra?**	['donde es'tan los 'karros de la 'kompra]
Können Sie mir Geld wechseln?	**¿Tiene cambio?**	['tjene 'kambjo]
Ich möchte ...	**Quería...**	[ke'ria]
Haben Sie ...	**Tiene...**	['tjene]
Wo bitte stehen die ...?	**¿Dónde está la sección de...?**	['donde es'ta la seg'θjon de]
Wie teuer ist das?	**¿Cuánto cuesta?**	['kwanto 'kwesta]
Gibt es das auch einzeln?	**¿Lo venden también por unidades?**	[lo 'benden tam-'bjen por uni'ðaðes]
Haben Sie auch ein ähnliches Produkt?	**¿Tiene un producto parecido?**	['tjene un pro'ðuk-to pare'θiðo]
Ich hätte gerne ein Bund/100 Gramm/ 1 Kilo/eine Flasche/ eine Dose/ein Glas hiervon.	**Quería un ramo/ cien gramos/un kilo/ una botella/una lata/ un vaso de esto.**	[ke'ria un 'rramo/ 'θjen 'gramos/un 'kilo/'una bo'teʎa/ 'una 'lata/un 'baso de 'esto]

Könnten Sie mir etwas hiervon abwiegen?	**¿Podría pesarme un poco de esto?**	[poˈðria peˈsarme un ˈpoko de ˈesto]
Wie lange bleibt das frisch?	**¿Cuánto tiempo se conserva fresco?**	[ˈkwanto ˈtjempo se konˈserβa ˈfresko]
Danke, ich werde gerade schon bedient.	**Gracias, ya me atienden.**	[ˈgraθjas, ja me aˈtjenden]
Danke, das ist alles.	**Gracias, nada más.**	[ˈgraθjas ˈnaða mas]
Eine Tragetasche, bitte.	**Una bolsa, por favor.**	[ˈuna ˈbolsa por faˈβor]
Haben Sie auch Papiertüten?	**¿Tienen bolsas de papel?**	[ˈtjenen ˈbolsas de paˈpel]
Können Sie es mir einpacken?	**¿Puede envolvérmelo?**	[ˈpweðe enβolˈβermelo]
Was macht/kostet das bitte zusammen?	**¿Cuánto es?**	[ˈkwanto es]
Nehmen Sie auch Euro/Kreditkarte?	**¿Aceptan euros/ tarjeta de crédito?**	[aˈθeptan ˈewros/ tarˈxeta de ˈkredito]

Alkohol	**alcohol** *m*	[al'kol]
After Shave	**loción** *f* **de afeitar**	[lo'θjon de afej'tar]
Babynahrung	**alimentos** *m pl* **para bebés**	[ali'mentos 'para be'βes]
Bier	**cerveza** *f*	[θer'βeθa]
Binden	**compresas** *f pl*	[kom'presas]
Brot	**pan** *m*	[pan]
Brötchen	**panecillo** *m*	[pane'θiʎo]
Butter	**mantequilla** *f*	[mante'kiʎa]
Buttermilch	**suero** *m*	['swero]
Champignons	**champiñones** *m pl*	[tʃampi'ɲones]
Chips	**patatas** *f pl* **fritas en bolsa**	[pa'tatas 'fritas en 'bolsa]
Deodorant	**desodorante** *m*	[desoðo'rante]
Eier	**huevos** *m pl*	['weβos]
Eis	**helado** *m*	[e'laðo]
Essig	**vinagre** *m*	[bi'nagre]
Fisch	**pescado** *m*	[pes'kaðo]
Fleisch	**carne** *f*	['karne]
frisch	**fresco**	['fresko]
Fruchtsaft	**zumo** *m* **de fruta**	['θumo de 'fruta]
Gebäck	**pastas** *f pl*	['pastas]
Gemüse	**verdura** *f*	[ver'ðura]
Haferflocken	**copos** *m pl* **de avena**	['kopos de a'βena]
Honig	**miel** *f*	['mjel]
Hundefutter	**comida** *f* **para perros**	[ko'miða 'para 'perros]
Joghurt	**yogur** *m*	[jo'gur]
Kaffee	**café** *m*	[ka'fe]

Käse	**queso** *m*	[ˈkeso]
Kekse	**galletas** *f pl*	[gaˈʎetas]
Kindernahrung	**alimentos** *m pl*	[aliˈmentos
	infantiles	infanˈtiles]

Die größte und beliebteste Warenhauskette ist „El Corte Inglés". In diesen großen Kaufhäusern findet man alles, was das Herz begehrt und was man zum täglichen Leben braucht: Lebensmittel aus Spanien und Übersee, Kleidung, Haushaltswaren etc.

Kohl	**col** *f*	[kol]
Kuchen	**pastel** *m*	[pasˈtel]
Limonade	**refresco** *m*	[rreˈfresko]
Linsen	**lentejas** *f pl*	[lenˈtexas]
Mandeln	**almendras** *f pl*	[alˈmenðras]
Margarine	**margarina** *f*	[margaˈrina]
Marmelade	**mermelada** *f*	[mermeˈlaða]
Mayonnaise	**mayonesa** *f*	[majoˈnesa]
Mehl	**harina** *f*	[aˈrina]
Milch	**leche** *f*	[ˈletʃe]
Mineralwasser	**agua** *f* **mineral**	[ˈagwa mineˈral]
Nudeln	**pasta** *f*	[ˈpasta]
Nüsse	**nueces** *f pl*	[nwˈeθes]
Oliven	**aceitunas** *f pl*	[aθejˈtunas]
Olivenöl	**aceite** *m* **de oliva**	[aˈθejte de oˈliβa]
Parfüm	**perfume** *m*	[perˈfume]
Petersilie	**perejil** *m*	[pereˈxil]
Pfeffer	**pimienta** *f*	[piˈmjenta]

Pfefferminze	**menta** *f*	[ˈmenta]
Pilze	**setas** *f pl*	[ˈsetas]
Pralinen	**bombones** *m pl*	[bomˈbones]
Puder	**polvo** *m*	[ˈpolβo]
Quark	**requesón** *m*	[rrekeˈson]
Reis	**arroz** *m*	[aˈrroθ]
Sahne	**nata** *f*	[ˈnata]
Salami	**salami** *m*	[saˈlami]
Salat	**ensalada** *f*	[ensaˈlaða]
Salz	**sal** *f*	[sal]
Salzstangen	**barrita** *f* **salada**	[baˈrrita saˈlaða]
Schinken	**jamón** *m*	[xaˈmon]
Schnaps	**aguardiente** *m*	[agwarˈðjente]
Schokolade	**chocolate** *m*	[tʃokoˈlate]
Seife	**jabón** *m*	[xaˈβon]
Sekt	**cava** *m*/**champán** *m*	[ˈkaβa/tʃamˈpan]
Senf	**mostaza** *f*	[mosˈtaθa]
Sonnencreme	**crema** *f* **solar**	[ˈkrema soˈlar]
Spülmittel	**detergente** *m*	[deterˈxente]
Süßigkeiten	**golosinas** *f pl*	[goloˈsinas]
Tee	**té** *m*	[te]
Thunfisch	**atún** *m*	[aˈtun]
Toast	**tostadas** *f pl*	[tosˈtaðas]
Toilettenpapier	**papel** *m* **higiénico**	[paˈpel iˈxjeniko]
Windeln	**pañales** *m pl*	[paˈɲales]
Wein	**vino** *m*	[ˈbino]
Wurst	**embutidos** *m pl*	[embuˈtiðos]
Zucker	**azúcar** *m*	[aˈθukar]
Zwieback	**pan** *m* **tostado**	[pan tosˈtaðo]

Wo ist ein gutes Bekleidungsgeschäft?	**¿Dónde hay una buena tienda de ropa?**	[ˈdonde aj ˈuna ˈbwena ˈtjenda de ˈrropa]
Können Sie mir ... zeigen?	**¿Puede mostrarme...?**	[ˈpweðe mosˈtrarme]
Ich möchte ein Paar ... Schuhe.	**Deseo unos zapatos...**	[deˈseo ˈunos θaˈpatos ...]
Ich habe Konfektionsgröße ...	**Tengo la talla...**	[ˈteŋgo la ˈtaʎa ...]
Ich habe Schuhgröße ...	**Tengo el número...**	[ˈteŋgo el ˈnumero ...]
Könnten Sie mir Maß nehmen?	**¿Podría tomarme medidas?**	[poˈðria toˈmarme meˈðiðas]
Gibt es dieses Teil auch in .../ einer anderen Farbe?	**¿Tiene esta prenda también en.../ otro color?**	[ˈtiene ˈesta ˈprenda tamˈbjen en .../ ˈotro koˈlor]
Aus welchem Material ist das?	**¿De qué material es esto?**	[de ke mateˈrjal es ˈesto]
Kann ich es anprobieren?	**¿Puedo probarme esto?**	[ˈpweðo proˈβarme ˈesto]

Wo sind die Umkleidekabinen?	**¿Dónde están los probadores?**	[ˈdonde esˈtan los proβaˈðores]
Das ist mir zu eng/ weit/lang/kurz/ klein/groß.	**Me queda muy estrecho/ancho/ largo/ corto/ pequeño/ grande.**	[me ˈkeða mwi esˈtretʃo/ˈantʃo/ ˈlargo/ˈkorto/ peˈkeɲo/ˈgrande]
Das passt gut, ich nehme es.	**Me queda bien, me lo llevo.**	[me ˈkeða ˈbjen me lo ˈʎeβo]
Können Sie das für mich ändern lassen?	**¿Podría arreglarlo?**	[poˈðria arreˈglarlo]
Kann ich das umtauschen?	**¿Puedo cambiar esto?**	[ˈpweðo kamˈbiar ˈesto]
Können Sie diese Schuhe reparieren?	**¿Podría arreglar estos zapatos?**	[poˈðria arreˈglar ˈestos θaˈpatos]
Haben Sie eine Nummer größer/kleiner?	**¿Tiene un número más grande/ pequeño?**	[ˈtjene un ˈnumero mas ˈgrande/ peˈkeɲo]
Ich brauche Schuhcreme/Schnürsenkel.	**Necesito crema para los zapatos/cordones.**	[neθeˈsito ˈkrema ˈpara los θaˈpatos/ korˈðones]
Ich hätte gern neue Schnürsenkel.	**Quería cordones nuevos.**	[keˈria korˈðones ˈnweβos]

Anzug	**traje** *m*	['traxe]
Badeanzug	**traje** *m* **de baño**	['traxe de 'baɲo]
Badehose	**bañador** *m*	[baɲa'ðor]
Badeschuhe	**zapatillas** *f pl* **de baño**	[θapa'tiʎas de 'baɲo]
Baumwolle	**algodón** *m*	[algo'ðon]
Bikini	**bikini** *m*	[bi'kini]
BH	**sujetador** *m*	[suxeta'ðor]
blau	**azul**	[a'θul]
Bluse	**blusa** *f*	['blusa]
Farbe	**color** *m*	[ko'lor]
gelb	**amarillo**	[ama'riʎo]
gestreift	**a rayas**	[a 'rrajas]
grün	**verde**	['berðe]
Gürtel	**cinturón** *m*	[θintu'ron]
Handtasche	**bolso** *m*	['bolso]
Hemd	**camisa** *f*	[ka'misa]
Hose	**pantalones** *m pl*	[panta'lones]
Hut	**sombrero** *m*	[som'brero]
Jacke	**chaqueta** *f*	[tʃa'keta]
Jeans	**pantalones** *m pl* **vaqueros**	[panta'lones ba'keros]
Kinderschuhe	**zapatos** *m pl* **para niño**	[θa'patos 'para 'niɲos]
Kleid	**vestido** *m*	[bes'tiðo]
Krawatte	**corbata** *f*	[kor'βata]
Lederjacke	**chaqueta** *f* **de cuero**	[tʃa'keta de 'kwero]
lila	**lila**	['lila]
Mantel	**abrigo** *m*	[a'βrigo]

Minirock	**minifalda** *f*	[mini'falda]
Mütze	**gorro** *m*	['gorro]
Pullover	**jersey** *m*	[xer'sej]
Pyjama	**pijama** *m*	[pi'xama]
Regenmantel	**impermeable** *m*	[imperme'aβle]
Rock	**falda** *f*	['falda]
rot	**rojo**	['rroxo]
Sandalen	**sandalias** *f pl*	[san'daljas]
Schal	**bufanda** *f*	[bu'fanda]
Schuhe	**zapatos** *m pl*	[θa'patos]
Schuhcreme	**crema** *f* **para los zapatos**	['krema 'para los θa'patos]
Schuhgröße	**número** *m* **de los zapatos**	['numero de los θa'patos]
schwarz	**negro**	['negro]
Shorts	**pantalones** *m pl* **cortos**	[panta'lones 'kortos]
Slip	**slip** *m*	[es'lip]
Socken	**calcetines** *m pl*	[kalθe'tines]
Stiefel	**botas** *f pl*	['botas]
Strickjacke	**chaqueta** *f* **de punto**	[tʃa'keta de 'punto]
Strümpfe	**calcetines** *m pl*	[kalθe'tines]
Strumpfhose	**pantis** *m pl*	['pantis]
T-Shirt	**camiseta** *f*	[kami'seta]
Turnschuhe	**zapatillas** *f pl* **de deporte**	[θapa'tiʎas de de'porte]
Unterwäsche	**ropa** *f* **interior**	['rropa inte'rjor]
weiß	**blanco**	['blaŋko]
Wolle	**lana** *f*	['lana]

Körbchengröße	**copa** *f*	[ˈkopa]
S	**pequeña**	[peˈkeɲa]
M	**mediana**	[meˈðjana]
L	**grande**	[ˈgrande]
XL	**muy grande**	[mwi ˈgrande]
37	**la treinta y siete**	[la ˈtrejnta i ˈsjete]
38	**la treinta y ocho**	[la ˈtrejnta i ˈotʃo]
39	**la treinta y nueve**	[la ˈtrejnta i ˈnweβe]
40	**la cuarenta**	[la kwaˈrenta]
41	**la cuarenta y uno**	[la kwaˈrenta i ˈuno]
42	**la cuarenta y dos**	[la kwaˈrenta i dos]
43	**la cuarenta y tres**	[la kwaˈrenta i tres]
44	**la cuarenta y cuatro**	[la kwaˈrenta i ˈkwatro]
45	**la cuarenta y cinco**	[la kwaˈrenta i ˈθiŋko]
46	**la cuarenta y seis**	[la kwaˈrenta i sejs]
47	**la cuarenta y siete**	[la kwaˈrenta i ˈsjete]
48	**la cuarenta y ocho**	[la kwaˈrenta i ˈotʃo]

Ich suche einen Optiker.	**Busco una óptica.**	[ˈbusko ˈuna ˈoptika]
Ich möchte eine Sonnenbrille.	**Quería unas gafas de sol.**	[keˈria ˈunas ˈgafas de sol]
Würden Sie mir bitte diese Brille/Fassung reparieren?	**¿Podría arreglarme estas gafas/esta montura?**	[poˈðria arreˈglarme ˈestas ˈgafas/ˈesta monˈtura]
Ich brauche Gläser mit … Dioptrien.	**Necesito cristales con… dioptrías.**	[neθeˈsito krisˈtales kon … djopˈtrias]
Ich bin kurzsichtig/weitsichtig.	**Soy corto de vista/présbita.**	[ˈsoj ˈkorto de ˈbista/ˈpresβita]
Wann kann ich die Brille abholen?	**¿Cuándo puedo recoger las gafas?**	[ˈkwando ˈpweðo rrekoˈxer las ˈgafas]
Ich habe eine Kontaktlinse verloren.	**He perdido una lentilla.**	[e perˈðiðo ˈuna lenˈtiʎa]
Ich brauche Reinigungslösung für meine Kontaktlinsen.	**Necesito un líquido limpiador para mis lentillas.**	[neθeˈsito un ˈlikiðo limpjaˈðor ˈpara mis lenˈtiʎas]

Aufbewahrungs-lösung	**líquido** *m* **para con-servar las lentillas**	[ˈlikiðo ˈpara konserˈβar las lenˈtiʎas]
Bügel	**varilla** *f*	[baˈriʎa]
Brille	**gafas** *f pl*	[ˈgafas]
Brillenetui	**funda** *f* **para las gafas**	[ˈfunda ˈpara las ˈgafas]
Brillenfassung	**montura** *f*	[monˈtura]
Brillenglas	**cristal** *m* **de las gafas**	[krisˈtal de las ˈgafas]
Dioptrien	**dioptrías** *f pl*	[djopˈtrias]
Entspiegelung	**quitar los reflejos**	[kiˈtar los reˈflexos]
Gestell	**montura** *f*	[monˈtura]
Gläser	**cristales** *m pl*	[krisˈtales]
Kontaktlinsen	**lentillas** *f pl*	[lenˈtiʎas]
Kunststoffglas	**cristal** *m* **de plástico**	[krisˈtal de ˈplastiko]
Kurzsichtigkeit	**miope** *f*	[ˈmjope]
Lesebrille	**gafas** *f pl* **para leer**	[ˈgafas ˈpara leˈer]
Lupe	**lupa** *f*	[ˈlupa]
minus	**menos**	[ˈmenos]
plus	**más**	[mas]
Putztuch	**trapo** *m* **para limpiar**	[ˈtrapo ˈpara limˈpjar]
Sehschärfe	**agudeza** *f* **de la visión**	[aguˈðeθa de la biˈsjon]
Sehtest	**test** *m* **visual**	[test biˈswal]
Tageslinsen	**lentillas** *f pl* **de usar y tirar**	[lenˈtiʎas de uˈsar i tiˈrar]
Weitsichtigkeit	**hipermetropía** *f*	[ipermeˈtropia]

Haben Sie deutsche Zeitungen/ Zeitschriften?	**¿Tiene periódicos/ revistas alemanes/ -nas?**	['tjene pe'rjoðikos/ rre'βistas ale'manes/nas]
Ich brauche einen Reiseführer/eine Wanderkarte von dieser Gegend.	**Necesito una guía de viajes/un mapa de senderismo de esta región.**	[neθe'sito 'una 'gia de 'bjaxes/ un 'mapa de sende'rismo de 'esta rre'xjon]
Haben Sie Briefumschläge?	**¿Tiene sobres?**	['tjene 'soβres]
Bekomme ich bei Ihnen auch Briefmarken?	**¿Vende también sellos?**	['bende tam'βjen 'seʎos]
Ich brauche eine Speicherkarte/Akkus für diese Kamera.	**Necesito una tarjeta de memoria/pilas recargables para esta cámara.**	[neθe'sito una tar'xeta de me'morja/'pilas rrekar-'gaβles 'para 'esta 'kamara]
Der Auslöser/Blitz funktioniert nicht.	**El disparador/flash no funciona.**	[el dispara'ðor/ flaʃ no fun'θjona]
Könnten Sie die Bilder von meiner Digitalkamera auf CD brennen?	**¿Podría grabar las fotos de mi cámara en un CD?**	[po'ðria gra'βar las 'fotos de mi 'ka-mara en un θe'ðe]

Akku	**pila** *f* **recargable**	[ˈpila rrekarˈgaβle]
Ansichtskarte	**tarjeta** *f* **postal**	[tarˈxeta posˈtal]
Batterien	**pilas** *f pl*	[ˈpilas]
Bleistift	**lápiz** *m*	[ˈlapiθ]
Briefmarke	**sello** *m*	[ˈseʎo]
Briefpapier	**papel** *m* **de cartas**	[paˈpel de ˈkartas]
Briefumschlag	**sobre** *m*	[ˈsoβre]
Digitalkamera	**cámara** *f* **digital**	[ˈkamara dixiˈtal]
Feuerzeug	**mechero** *m*	[meˈtʃero]
Fotos hochladen	**subir fotos**	[suˈβir ˈfotos]
Geschenkpapier	**papel** *m* **de regalo**	[paˈpel de rreˈgalo]
Kaugummi	**chicle** *m*	[ˈtʃikle]
Klebstoff	**pegamento** *m*	[pegaˈmento]
Kugelschreiber	**bolígrafo** *m*	[boˈligrafo]
Landkarte	**mapa** *m*	[ˈmapa]
Notizblock	**bloc** *m* **de notas**	[blok de ˈnotas]
Papier	**papel** *m*	[paˈpel]
Pfeife	**pipa** *f*	[ˈpipa]
Reiseführer	**guía** *f* **de viajes**	[ˈgia de ˈbjaxes]
Speicherkarte	**tarjeta** *f* **de memoria**	[tarˈxeta de meˈmorja]
Spiegelreflexkamera	**cámara** *f* **reflex**	[ˈkamara reˈfles]
Stadtplan	**plano** *m*	[ˈplano]
Straßenkarte	**mapa** *m* **de carreteras**	[ˈmapa de karreˈteras]
Tabak	**tabaco** *m*	[taˈβako]
Zeitschrift	**revista** *f*	[rreˈβista]
Zeitung	**periódico** *m*	[peˈrjoðiko]
Zigarette	**cigarrillo** *m*	[θigaˈrriʎo]

Welche Souvenirs sind typisch für diese Gegend?	**¿Qué recuerdos son típicos en esta región?**	[ke rreˈkwerðos son ˈtipikos en ˈesta rreˈxjon]
Ich möchte ein hübsches Andenken kaufen.	**Quería comprar un recuerdo bonito.**	[keˈria komˈprar un rreˈkwerðo boˈnito]
Dieses Schmuckstück ist wunderschön.	**Esta joya es maravillosa.**	[ˈesta ˈxoja es maraβiˈʎosa]
Ist das Handarbeit?	**¿Está hecho a mano?**	[esˈta ˈetʃo a ˈmano]
Ist das antik?	**¿Esto es antiguo?**	[ˈesto es anˈtigwo]
Ist das echt?	**¿Esto es auténtico?**	[ˈesto es auˈtentiko]
Könnte ich diese Kette anprobieren?	**¿Podría probarme este collar?**	[poˈðria proˈβarme ˈeste koˈʎar]
Darf ich das Stück mal anfassen?	**¿Puedo tocar la pieza?**	[ˈpweðo toˈkar la ˈpjeθa]
Können Sie mir das … einmal genauer zeigen?	**¿Puede mostrarme esto de cerca…?**	[ˈpweðe mosˈtrarme ˈesto de ˈθerka …]
Was kostet dieses Souvenir?	**¿Cuánto cuesta este recuerdo?**	[ˈkwanto ˈkwesta ˈeste rreˈkwerðo]

antik	**antiguo**	[anˈtigwo]
Anhänger	**colgante** *m*	[kolˈgante]
Armband	**pulsera** *f*	[pulˈsera]
Armbanduhr	**reloj** *m* **de pulsera**	[rreˈlox de pulˈsera]
Bild	**cuadro** *m*	[ˈkwaðro]
Brosche	**broche** *m*	[ˈbrotʃe]
echt	**auténtico**	[auˈtentiko]
Figur	**figura** *f*	[fiˈgura]
Fußkette	**pulsera** *f* **para el tobillo**	[pulˈsera ˈpara el toˈβiʎo]
Gold	**oro** *m*	[ˈoro]
handgemacht	**hecho a mano**	[ˈetʃo a ˈmano]
Handkette	**pulsera** *f*	[pulˈsera]
Hut	**sombrero** *m*	[somˈbrero]
Karat	**quilate** *m*	[kiˈlate]
Kerzenhalter	**candelabro** *m*	[kandeˈlaβro]
Kette	**cadena** *f*	[kaˈðena]
Kristall	**cristal** *m*	[krisˈtal]
Modeschmuck	**bisutería** *f*	[bisuteˈria]
mundgeblasen	**soplado con la boca**	[soˈplaðo kon la ˈboka]
Ohrringe	**pendientes** *m pl*	[penˈdjentes]
Perle	**perla** *f*	[ˈperla]
Ring	**anillo** *m*	[aˈniʎo]
Schmiedeeisen	**forja** *f* **de hierro**	[ˈforxa de ˈjerro]
Schmuck	**joya** *f*	[ˈxoja]
Silber	**plata** *f*	[ˈplata]
Statue	**estatua** *f*	[esˈtatwa]
Vase	**florero** *m*	[floˈrero]
vergoldet	**dorado**	[doˈraðo]
versilbert	**plateado**	[plateˈaðo]

Wie oft findet der Wochenmarkt statt?	**¿Cuántas veces se hace el mercado semanal?**	[ˈkwantas ˈbeθes se ˈaθe el merˈkaðo semaˈnal]
Ich hätte gern ein Pfund …	**Quiero medio kilo de…**	[ˈkjero ˈmeðjo ˈkilo de …]
Danke, das ist alles.	**Eso es todo, gracias.**	[ˈeso es ˈtoðo ˈgraθjas]
Was verlangen Sie hierfür?	**¿Cuánto cuesta esto?**	[ˈkwanto ˈkwesta ˈesto]
alt	**viejo**	[ˈbjexo]
anbieten	**ofrecer**	[ofreˈθer]
antik	**antiguo**	[anˈtigwo]
Antiquitäten	**antigüedades** *f pl*	[antigweˈðaðes]
Basar	**bazar** *m*	[baˈθar]
billig	**barato**	[baˈrato]
Frischobst	**fruta** *f* **fresca**	[ˈfruta ˈfreska]
Gemüsestand	**puesto** *m* **de verdura**	[ˈpwesto de berˈðura]
handeln	**negociar**	[negoˈθjar]
Obststand	**puesto** *m* **de fruta**	[ˈpwesto de ˈfruta]
Souvenir	**recuerdo** *m*	[rreˈkwerðo]
Stand	**puesto** *m*	[ˈpwesto]
Trödel	**baratijas** *f pl*	[baraˈtixas]
Vase	**jarrón** *m*	[xaˈrron]
verkaufen	**vender**	[benˈder]

Ananas	**piña** f	[ˈpiɲa]
Apfel	**manzana** f	[manˈθana]
Apfelsine	**naranja** f	[naˈraŋxa]
Aprikose	**albaricoque** m	[alβariˈkoke]
Artischocken	**alcachofa** f	[alkaˈtʃofa]
Aubergine	**berenjena** f	[bereŋˈxena]
Banane	**plátano** m	[ˈplatano]
Beeren	**bayas** f pl	[ˈbajas]
Birne	**pera** f	[ˈpera]
Blaubeeren	**arándanos** m pl	[aˈrandanos]
Blumenkohl	**coliflor** f	[koliˈflor]
Bohnen	**judías** f pl	[xuˈðias]
Brombeeren	**zarzamoras** f pl	[θarθaˈmoras]
Champignons	**champiñones** m pl	[tʃampiˈɲones]
Chicorée	**endibia** f	[enˈdiβja]
Datteln	**dátiles** m pl	[ˈdatiles]
Erbsen	**guisantes** m pl	[giˈsantes]
Erdbeeren	**fresas** f pl	[ˈfresas]
Feige	**higo** m	[ˈigo]
Granatapfel	**granada** f	[graˈnaða]
Grapefruit	**pomelo** m	[poˈmelo]
Gurke	**pepino** m	[peˈpino]
Haselnüsse	**avellanas** f pl	[aβeˈʎanas]
Himbeeren	**frambuesas** f pl	[framˈbwesas]
Karotten	**zanahorias** f pl	[θanaˈorjas]
Kartoffeln	**patatas** f pl	[paˈtatas]
Kirschen	**cerezas** f pl	[θeˈreθas]
Kohl	**col** f	[kol]
Kohlrabi	**colinabo** m	[koliˈnaβo]
Lauch	**puerro** m	[ˈpwerro]

Linsen	**lentejas** *f pl*	[len'texas]
Mandarine	**mandarina** *f*	[manda'rina]
Melone	**melón** *m*	[me'lon]
Mirabellen	**ciruelas** *f pl* **amarillas**	[θi'rwelas ama'riʎas]
Nüsse	**nueces** *f pl*	['nweθes]
Orange	**naranja** *f*	[na'raŋxa]
Paprikaschoten	**pimientos** *m pl*	[pi'mjentos]
Pfirsich	**melocotón** *m*	[meloko'ton]
Pflaumen	**ciruelas** *f pl*	[θi'rwelas]
Pilze	**setas** *f pl*	['setas]
Radieschen	**rabanito** *m*	[rraβa'nito]
Salat	**ensalada** *f*	[ensa'laða]

ⓘ   *Wochenmärkte werden in jeder Stadt und in jedem Dorf an einem bestimmten Wochentag auf einem öffentlichen Platz abgehalten. Dort werden – wie in einem Supermarkt – alle Waren von fliegenden Händlern angeboten, die man zum täglichen Leben braucht: Bekleidung, Nahrungsmittel und Haushaltswaren.*

Schnittlauch	**cebollino** *m*	[θeβo'ʎino]
Sellerie	**apio** *m*	['apjo]
Spargel	**espárrago** *m*	[es'parrago]
Spinat	**espinaca** *f*	[espi'naka]
Tomaten	**tomates** *m pl*	[to'mates]
Walnüsse	**nueces** *f pl*	['nweθes]
Wassermelone	**sandía** *f*	[san'dia]
Weißkohl	**col** *f* **blanca**	[kol 'blaŋka]
Zwiebel	**cebolla** *f*	[θe'βoʎa]

Bank & Post

Wann öffnet/ schließt die Bank?	**¿Cuándo abre/ cierra el banco?**	[ˈkwando ˈaβre/ ˈθjerra el ˈbaŋko]
Wo ist der nächste Geldautomat?	**¿Dónde está el próximo cajero automático?**	[ˈdonde esˈta el ˈprogsimo kaˈxero autoˈmatiko]
Wo kann ich hier Geld wechseln?	**¿Dónde puedo cambiar dinero?**	[ˈdonde ˈpweðo kamˈbjar diˈnero]
Ich möchte ... Euro von meinem Konto abheben.	**Deseo retirar de mi cuenta... euros.**	[deˈseo rretiˈrar de mi ˈkwenta ... ˈewros]
Ich möchte dies auf mein Konto einzahlen.	**Deseo ingresar esto en mi cuenta.**	[deˈseo iŋgreˈsar ˈesto en mi ˈkwenta]
Haben Sie Ihren Ausweis dabei?	**¿Tiene su documento de identidad a mano?**	[ˈtjene su dokuˈmento de iðentiˈðað a ˈmano]
Unterschreiben Sie bitte hier.	**Por favor, firme aquí.**	[por faˈβor ˈfirme aˈki]
Ich habe meine Reiseschecks verloren. Was muss ich tun?	**He perdido mis cheques de viaje. ¿Qué tengo que hacer?**	[e perˈðiðo mis ˈtʃekes de ˈbjaxe/ ke ˈteŋgo ke aˈθer]

abheben	**retirar**	[rreti'rar]
auszahlen	**pagar**	[pa'gar]
Bankleitzahl	**clave** *f* **bancaria**	['klaβe baŋ'karja]
bar	**en efectivo**	[en efek'tiβo]
Bargeld	**dinero** *m* **en efectivo**	[di'nero en efek'tiβo]
Betrag	**importe** *m*	[im'porte]
einzahlen	**ingresar**	[iŋgre'sar]

Banken sind Mo bis Sa von 9 bis 14 Uhr geöffnet. Im Hochsommer sind Banken samstags geschlossen. Sie können aber auch jederzeit an den meisten Bankfilialen Geld an Geldautomaten abheben.

Euro	**euro** *m*	['euro]
Formular	**formulario** *m*	[formu'larjo]
Geld	**dinero** *m*	[di'nero]
Geldautomat	**cajero** *m* **automático**	[ka'xero auto'matiko]
Konto	**cuenta** *f*	['kwenta]
Kreditkarte	**tarjeta** *f* **de crédito**	[tar'xeta de 'kreðito]
Kurs	**curso** *m*	['kurso]
Schalter	**ventanilla** *f*	[benta'niʎa]
Scheck	**cheque** *m*	['tʃeke]
Überweisung	**transferencia** *f*	[transfe'renθja]
unterschreiben	**firmar**	[fir'mar]
Unterschrift	**firma** *f*	['firma]
Währung	**moneda** *f*	[mo'neða]

Wo ist das nächste Postamt?	**¿Dónde está la próxima oficina de correos?**	[ˈdonde esˈta la ˈprogsima ofiˈθina de koˈrreos]
Wo ist der nächste Briefkasten?	**¿Dónde está el próximo buzón?**	[ˈdonde esˈta el ˈprogsimo buˈθon]
Was kostet ein Brief/ eine Postkarte nach Deutschland?	**¿Cuánto cuesta una carta/una tarjeta postal para Alemania?**	[ˈkwanto ˈkwesta ˈuna ˈkarta/ˈuna tarˈxeta posˈtal ˈpara aleˈmanja]
Wie lange braucht ein Brief nach ...?	**¿Cuánto tiempo tarda una carta en llegar a...?**	[ˈkwanto ˈtjempo ˈtarða ˈuna ˈkarta en ʎeˈgar a ...]
Ich möchte ein Einschreiben aufgeben.	**Deseo echar una carta certificada.**	[deˈseo eˈtʃar ˈuna ˈkarta θertifiˈkaða]
Diesen Brief bitte per Luftpost/Express.	**Esta carta por avión/ por correo exprés, por favor.**	[ˈesta ˈkarta por aˈβjon/por koˈrreo esˈpres por faˈβor]
Eine Telefonkarte zu ..., bitte.	**Una tarjeta de teléfono para..., por favor.**	[ˈuna tarˈxeta de teˈlefono para ... por faˈβor]

absenden	**enviar**	[enˈβjar]
Absender	**remite** *m*	[rremiˈte]
Adresse	**dirección** *f*	[direɡˈθjon]
Ansichtskarte	**tarjeta** *f* **postal**	[tarˈxeta posˈtal]
aufgeben	**echar al correo**	[eˈtʃar al koˈrreo]
ausfüllen	**rellenar**	[rreʎeˈnar]
Bestimmungsort	**lugar** *m* **de destino**	[luˈɡar de desˈtino]
Brief	**carta** *f*	[ˈkarta]
Briefkasten	**buzón** *m*	[buˈθon]
Briefmarke	**sello** *m*	[ˈseʎo]
Briefmarkenautomat	**máquina** *f* **de sellos**	[ˈmakina de ˈseʎos]
Briefträger/in	**cartero/-a** *m/f*	[karˈtero/a]
Briefumschlag	**sobre** *m*	[ˈsoβre]
Drucksache	**impreso** *m*	[imˈpreso]
Eilbrief	**carta** *f* **urgente**	[ˈkarta urˈxente]
Einschreibebrief	**carta** *f* **certificada**	[ˈkarta θertifiˈkaða]

Sie erkennen die Post in Spanien an einem gelbroten Posthorn mit einer Krone.

einzahlen	**ingresar**	[iŋɡreˈsar]
Empfänger	**destinatario** *m*	[destinaˈtarjo]
Empfangsbestätigung	**acuse** *m* **de recibo**	[aˈkuse de reˈθiβo]
Formular	**formulario** *m/* **impreso** *m*	[formuˈlarjo/ imˈpreso]
frankieren	**franquear**	[fraŋkeˈar]

Gebühr	**tasa** *f*	[ˈtasa]
Gewicht	**peso** *m*	[ˈpeso]
Hauptpostamt	**central** *f* **de correos**	[θenˈtral de koˈrreos]
Leerung	**recogida** *f*	[rrekoˈxiða]
Luftpost	**correo** *m* **por avión**	[koˈrreo por aβiˈon]
Münztelefon	**teléfono** *m* **público de monedas**	[teˈlefono ˈpuβliko de moˈneðas]
nachsenden	**reexpedir**	[rreekspeˈðir]
Päckchen	**paquete** *m* **pequeño**	[paˈkete peˈkeɲo]
Paket	**paquete** *m*	[paˈkete]
Porto	**franqueo** *m*	[fraŋˈkeo]
Post	**correos** *m pl*	[koˈrreos]
Postamt	**oficina** *f* **de correos**	[ofiˈθina de koˈrreos]
Postkarte	**tarjeta** *f* **postal**	[tarˈxeta posˈtal]
Postleitzahl	**código** *m* **postal**	[ˈkoðigo posˈtal]
Schalter	**ventanilla** *f*	[bentaˈniʎa]
Schalteröffnungs-zeiten	**horario** *m* **de ventanilla**	[oˈrarjo de bentaˈniʎa]
Telefax	**telefax** *m*	[teleˈfags]
Telefon	**teléfono** *m*	[teˈlefono]
Telegramm	**telegrama** *m*	[teleˈgrama]
unfrankiert	**sin franquear**	[sin fraŋkeˈar]
Vordruck	**impreso** *m*	[imˈpreso]
Warteschlange	**cola** *f*	[ˈkola]
Zollerklärung	**declaración** *f* **de aduana**	[deklaraˈθjon de aˈðwana]

Unterhaltung & Freizeit

Was läuft morgen Abend im Kino?	**¿Qué ponen mañana por la tarde en el cine?**	[ke ˈponen maˈɲana por la ˈtarðe en el ˈθine]
Wo bekomme ich bitte das Kino-programm?	**Por favor, ¿dónde puedo conseguir la programación del cine?**	[por faˈβor ˈdonde ˈpweðo konseˈgir la programaˈθjon del ˈθine]
Wird in der Stadt ein Musical aufgeführt?	**¿Se representa en la ciudad un musical?**	[se rrepreˈsenta en la θjuˈðað un musiˈkal]
Können Sie mir ein gutes Theaterstück/ einen guten Film empfehlen?	**¿Puede recomen-darme una obra de teatro buena/ una película buena?**	[ˈpweðe rrekomen-ˈdarme ˈuna ˈoβra de teˈatro ˈbwena/ ˈuna peˈlikula ˈbwena]
Wann beginnt die Vorstellung?	**¿Cuándo comienza la representación?**	[ˈkwando koˈmjenθa la rrepresentaˈθjon]
Wo kann ich die Kar-ten kaufen?	**¿Dónde puedo com-prar las entradas?**	[ˈdonde ˈpweðo komˈprar las enˈtraðas]
Gibt es noch Karten für ...?	**¿Hay todavía entra-das para...?**	[aj toðaˈβia enˈtraðas ˈpara ...]

Bitte zwei Karten für heute Abend.	**Dos entradas para esta tarde, por favor.**	[dos enˈtraðas ˈpara ˈesta ˈtarðe por faˈβor]
Bitte vier Karten in der ersten/zweiten/dritten/letzten Preis-kategorie.	**Cuatro entradas de primera/segunda/tercera/ última categoría de precio.**	[ˈkwatro enˈtraðas de priˈmera/seˈgunda/terˈθera/ˈultima kategoˈria de ˈpreθjo]
Zwei Erwachsene, ein Kind.	**Dos adultos, un niño.**	[dos aˈðultos un ˈniɲo]
Wann ist die Vorstel-lung zu Ende?	**¿Cuándo termina la representación?**	[ˈkwando terˈmina la rrepresenˈtaˈθjon]
Wo ist die Garderobe?	**¿Dónde está el guar-darropa?**	[ˈdonde esˈta el gwarðaˈrropa]
Gibt es eine Pause?	**¿Hay una pausa?**	[aj ˈuna ˈpawsa]
Hat Ihnen der Film gefallen?	**¿Le ha gustado la película?**	[le a gusˈtaðo la peˈlikula]
Das Stück/Konzert fand ich sehr gut.	**La obra/el concier-to me ha gustado mucho.**	[la ˈoβra/el konˈθjerto me a gusˈtaðo ˈmutʃo]

Akt	**acto** *m*	[ˈakto]
Ballett	**ballet** *m*	[baˈlet]
Bühne	**escenario** *m*	[esθeˈnarjo]
Chor	**coro** *m*	[ˈkoro]
Drama	**drama** *m*	[ˈdrama]
Eintrittskarte	**entrada** *f*	[enˈtraða]
Festival	**festival** *m*	[festiˈβal]
Film	**película** *f*	[peˈlikula]
Freilufttheater	**teatro** *m* **al aire libre**	[teˈatro al ˈaire ˈliβre]
Garderobe	**guardarropa** *m*	[gwarðaˈrropa]
Hauptrolle	**papel** *m* **principal**	[paˈpel prinθiˈpal]
Jazzkonzert	**concierto** *m* **de jazz**	[konˈθjerto de ˈdʒas]
Kabarett	**cabaré** *m*	[kaβaˈre]
Kasse	**taquilla** *f*	[taˈkiʎa]
Kino	**cine** *m*	[ˈθine]
Komödie	**comedia** *f*	[koˈmeðja]
Komponist/in	**compositor/-a** *m/f*	[komposiˈtor/a]
Konzert	**concierto** *m*	[konˈθjerto]
Loge	**palco** *m*	[ˈpalko]
Musical	**musical** *m*	[musiˈkal]
Oper	**ópera** *f*	[ˈopera]
Operette	**opereta** *f*	[opeˈreta]
Opernglas	**prismáticos** *m pl* **para la ópera**	[prisˈmatikos ˈpara la ˈopera]
Orchester	**orquesta** *f*	[orˈkesta]
Parkett	**platea** *f*	[plaˈtea]
Pause	**pausa** *f*	[ˈpawsa]
Premiere	**estreno** *m*	[esˈtreno]

Programm	**programa** *m*	[proˈgrama]
Programmheft	**programa** *m*	[proˈgrama]
Rang	**palco** *m*	[ˈpalko]
Regie	**dirección** *f*	[direɡˈθjon]
Regisseur	**director** *m* **de cine/teatro**	[direɡˈtor de ˈθine/teˈatro]
Rolle	**papel** *m*	[paˈpel]
Sänger/in	**cantante** *m/f*	[kanˈtante]
Schauspiel	**espectáculo** *m*	[espekˈtakulo]
Schauspieler/in	**actor** *m***/actriz** *f*	[akˈtor/akˈtriθ]
Solist/in	**solista** *m/f*	[soˈlista]
Spielplan	**programa** *m*	[proˈgrama]

Wer vorhat, eine Flamencoshow zu besuchen, sollte in eine der „Tablaos" gehen, die es in jeder größeren Stadt gibt. Dies sind kleine Bars mit viel Atmosphäre. Auf einer kleinen Bühne treten junge Flamencotänzer und -tänzerinnen auf.

Tänzer/in	**bailarín/-a** *m/f*	[bajlaˈrin/a]
Theaterstück	**obra** *f* **de teatro**	[ˈoβra de teˈatro]
Tragödie	**tragedia** *f*	[traˈxeðja]
Untertitel	**subtítulo** *m*	[suβˈtitulo]
Veranstaltungs-kalender	**calendario** *m* **de actos**	[kalenˈðarjo de ˈaktos]
Vorstellung	**representación** *f*	[rrepresentaˈθion]
Vorverkauf	**venta** *f* **anticipada**	[ˈbenta antiθiˈpaða]
Zirkus	**circo** *m*	[ˈθirko]

Eintritt frei!	**¡Entrada libre!**	[enˈtraða ˈliβre]
Was kostet der Eintritt/die Führung?	**¿Cuánto cuesta la entrada/la visita guiada?**	[ˈkwanto ˈkwesta la enˈtraða/la biˈsita ˈgiaða]
Gibt es einen Katalog zur Ausstellung?	**¿Hay un catálogo de la exposición?**	[aj un kaˈtalogo de la esposiˈθjon]
Wann ist das Museum geöffnet?	**¿Cuándo abre el museo?**	[ˈkwando ˈaβre el muˈseo]
Wann beginnt die Führung?	**¿Cuándo empieza la visita guiada?**	[ˈkwando emˈpjeθa la biˈsita ˈgiaða]
Gibt es auch eine Führung auf Deutsch?	**¿Hay también una visita guiada en alemán?**	[aj tamˈbjen ˈuna biˈsita ˈgiaða en aleˈman]
Welche Sehenswürdigkeiten gibt es hier?	**¿Qué monumentos hay aquí?**	[ke monuˈmentos aj aˈki]
Wir möchten … besichtigen.	**Queremos visitar…**	[keˈremos bisiˈtar …]
Was für ein Platz/eine Kirche ist das?	**¿Qué plaza/iglesia es?**	[ke ˈplaθa/iˈglesja es]
Ist das …?	**¿Es…?**	[es …]

Wann wurde dieses Gebäude erbaut/restauriert?	**¿Cuándo fue construido/restaurado este edificio?**	[ˈkwando fue konstruˈiðo/rrestauˈraðo ˈeste eðiˈfiθjo]
Aus welcher Epoche stammt dieses Bauwerk?	**¿De qué época es esta construcción?**	[de ke ˈepoka es ˈesta konstrug-ˈθjon]
Gibt es in der Stadt noch andere Werke von diesem Architekten?	**¿Hay en la ciudad otras obras de este arquitecto?**	[aj en la θjuˈðað ˈotras ˈoβras de ˈeste arkiˈtekto]
Wo sind die Funde ausgestellt?	**¿Dónde están expuestos los hallazgos?**	[ˈdonde esˈtan esˈpwestos los aˈʎaθgos]
Wer hat dieses Bild gemalt?	**¿Quién pintó este cuadro?**	[ˈkjen pinˈto ˈeste ˈkwaðro]
Wer hat diese Plastik geschaffen?	**¿Quién hizo esta escultura?**	[ˈkjen ˈiθo ˈesta eskulˈtura]
Haben Sie das Bild als Poster/Postkarte?	**¿Tiene el cuadro en póster/postal?**	[ˈtjene el ˈkwaðro en ˈposter/posˈtal]
Darf man hier fotografieren?	**¿Está permitido hacer fotos aquí?**	[esˈta permiˈtiðo aˈθer ˈfotos aˈki]

Akt	**desnudo** *m*	[desˈnuðo]
Altar	**altar** *m*	[alˈtar]
antik	**antiguo**	[anˈtigwo]
Antike	**antigüedad** *f*	[antiˈgweðað]
Architektur	**arquitectura** *f*	[arkitekˈtura]
Aquarell	**acuarela** *f*	[akwaˈrela]
Ausstellung	**exposición** *f*	[esposiˈθjon]
Barock	**Barroco** *m*	[baˈrroko]
Bild	**cuadro** *m*	[ˈkwaðro]

Museen sind in Spanien montags meist geschlossen.

Bildhauer	**escultor** *m*	[eskulˈtor]
Bronze	**bronce** *m*	[ˈbronθe]
Büste	**busto** *m*	[ˈbusto]
Collage	**collage** *m*	[koˈlaʃ]
Deckenmalerei	**pintura** *f* **cubierta**	[pinˈtura kuˈβjerta]
Denkmalschutz	**monumento** *m* **nacional**	[monuˈmento naθjoˈnal]
Design	**diseño** *m*	[diˈseɲo]
Dynastie	**dinastía** *f*	[dinasˈtia]
Einfluss	**influencia** *f*	[inflwˈenθia]
Epoche	**época** *f*	[ˈepoka]
Expressionismus	**Expresionismo** *m*	[espresjoˈnismo]
Flügel	**ala** *f*	[ˈala]
Fotografie	**fotografía** *f*	[fotograˈfia]
Fremdenführer	**guía** *m* **turístico**	[ˈgia tuˈristiko]

Fresko	**fresco** *m*	[ˈfresko]
Fries	**friso** *m*	[ˈfriso]
Führung	**visita** *f* **guiada**	[biˈsita giˈaða]
Funde	**hallazgos** *m pl*	[aˈʎaθgos]
Galerie	**galería** *f*	[galeˈria]
Gemälde	**cuadro** *m*	[ˈkwaðro]
Geschichte	**historia** *f*	[isˈtorja]
Gotik	**Gótico** *m*	[ˈgotiko]
Illustration	**ilustración** *f*	[ilustraˈθjon]
Impressionismus	**Impresionismo** *m*	[impresjoˈnismo]
Jugendstil	**Modernismo** *m*	[moðerˈnismo]
Klassizismus	**Clasicismo** *m*	[klasiˈθismo]
Kubismus	**Cubismo** *m*	[kuˈβismo]
Kunst	**arte** *m*	[ˈarte]
Material	**material** *m*	[mateˈrjal]
Modell	**modelo** *m*	[moˈðelo]
Ölmalerei	**pintura** *f* **al óleo**	[pinˈtura al ˈoleo]
Pastell	**pastel** *m*	[pasˈtel]
Plastik	**escultura** *f*	[eskulˈtura]
Porträt	**retrato** *m*	[rreˈtrato]
Realismus	**Realismo** *m*	[rreaˈlismo]
Renaissance	**Renacimiento** *m*	[rrenaθiˈmjento]
Romantik	**Romanticismo** *m*	[rromantiˈθismo]
Sehenswürdigkeiten	**monumentos** *m pl*	[monuˈmentos]
Skulptur	**escultura** *f*	[eskulˈtura]
Stil	**estilo** *m*	[esˈtilo]
Stillleben	**bodegón** *m*	[boðeˈgon]
Surrealismus	**Surrealismo** *m*	[surreaˈlismo]
Vase	**jarrón** *m*	[xaˈrron]
Wandmalerei	**pintura** *f* **mural**	[pinˈtura muˈral]

Gibt es auch geführte Touren?	**¿Hay también excursiones guiadas?**	[aj tamˈbjen eskurˈsjones giˈaðas]
Ich möchte … besichtigen.	**Quiero visitar…**	[ˈkjero bisiˈtar …]
Ich möchte eine Bergtour machen.	**Quiero hacer una excursión a la montaña.**	[ˈkjero aˈθer ˈuna eskurˈsjon a la monˈtaɲa]
Können Sie mir eine Tour empfehlen?	**¿Puede recomendarme una excursión?**	[ˈpweðe rrekomenˈdarme ˈuna eskurˈsjon]
Was kostet der Eintritt?	**¿Cuánto cuesta la entrada?**	[ˈkwanto ˈkwesta la enˈtraða]
Gibt es eine Ermäßigung für Studenten/ Kinder/Behinderte?	**¿Hay un descuento para estudiantes/ niños/minusválidos?**	[aj un desˈkwento ˈpara estuˈðjantes/ˈniɲos/minusˈβaliðos]
Für morgen bitte zwei Fahrkarten nach …	**Para mañana dos billetes a…, por favor.**	[ˈpara maˈɲana dos biˈʎetes a … por faˈβor]
Zwei Erwachsene, zwei Kinder, bitte.	**Dos adultos, dos niños, por favor.**	[dos aˈðultos dos ˈniɲos por faˈβor]

Spricht der Fremdenführer Deutsch?	**¿Habla alemán el guía?**	[ˈaβla aleˈman el ˈgia]
Wo ist der Treffpunkt?	**¿Dónde es el punto de encuentro?**	[ˈdonde es el ˈpunto de eŋˈkwentro]
Wann geht es los?	**¿Cuándo salimos?**	[ˈkwando saˈlimos]
Besichtigen wir auch ...?	**¿Visitamos también...?**	[bisiˈtamos tamˈbjen ...]
Ist das Mittagessen inbegriffen?	**¿Está la comida incluida?**	[esˈta la koˈmiða iŋkluˈiða]
Wann sind wir zurück?	**¿Cuándo regresamos?**	[ˈkwando rregreˈsamos]
Wo bekomme ich die Karten?	**¿Dónde recojo las entradas?**	[ˈdonde rreˈkoxo las enˈtraðas]
Wann beginnt die Vorstellung?	**¿Cuándo comienza la representación?**	[ˈkwando koˈmjenθa la rrepresentaˈθjon]
Können Sie mir den Weg auf der Wanderkarte zeigen?	**¿Puede mostrarme el camino en el mapa de excursionista?**	[ˈpweðe mosˈtrarme el kaˈmino en el ˈmapa de eskursjoˈnista]

Wo befindet sich ...?	**¿Dónde está...?**	[ˈdonde esˈta ...]
Ist das der Weg nach ...?	**¿Es este el camino a...?**	[es ˈeste el kaˈmino a ...]
Ist das etwas für Kinder?	**¿Esto es para niños?**	[ˈesto es ˈpara ˈniɲos]
Ist der Weg gut markiert?	**¿El camino está bien señalizado?**	[el kaˈmino esˈta ˈbjen seɲaliˈθaðo]
Welche Sehenswürdigkeiten gibt es hier?	**¿Qué monumentos hay aquí?**	[ke monuˈmentos aj aˈki]
Hier lebte/wurde geboren/starb ...	**Aquí vivió/ nació/ murió...**	[aˈki biˈβjo/naˈθjo/ muˈrjo ...]
Wann wurde ... gebaut?	**¿Cuándo fue construido...?**	[ˈkwando fwe konsˈtruiðo ...]
Wer hat ... gebaut?	**¿Quién construyó...?**	[ˈkjen konstruˈjo ...]
Von wem stammt dieses Bild?	**¿De quién es este cuadro?**	[de ˈkjen es ˈeste ˈkwaðro]
Darf man hier fotografieren?	**¿Está permitido hacer fotos aquí?**	[esˈta permiˈtiðo aˈθer ˈfotos aˈki]

Abfahrtszeit	**hora** f **de salida**	[ˈora de saˈliða]
Altstadt	**parte** f **antigua**	[ˈparte anˈtigwa]
ankommen	**llegar**	[ʎeˈgar]
Ausflug	**excursión** f	[eskurˈsjon]
Ausgrabung	**excavación** f	[eskaβaˈθjon]
Aussicht	**vista** f	[ˈbista]
Ausstellung	**exposición** f	[esposiˈθjon]
Bauernhof	**granja** f	[ˈgranxa]
Berg	**montaña** f	[monˈtaɲa]
besichtigen	**visitar**	[bisiˈtar]
Bootsfahrt	**viaje** m **en barco**	[ˈbjaxe en ˈbarko]
Botanischer Garten	**jardín** m **botánico**	[xarˈðin boˈtaniko]

In Madrid befinden sich Botschaften der Bundesrepublik Deutschland, der Schweiz und auch Österreichs. In Sachen Visum oder bürokratischer Bestimmungen finden Sie hier mit Sicherheit Rat und kompetente Hilfe.

Brücke	**puente** m	[ˈpwente]
Brunnen	**fuente** f	[ˈfwente]
Bucht	**bahía** f	[baˈia]
Burg	**castillo** m	[kasˈtiʎo]
Denkmal	**monumento** m	[monuˈmento]
Dorf	**pueblo** m	[ˈpweβlo]
Eisdiele	**heladería** f	[eladeˈria]
Epoche	**época** f	[ˈepoka]
Fluss	**río** m	[ˈrio]
fotografieren	**fotografiar**	[fotograˈfiar]

Fremdenführer	**guía** *m*	[ˈgia]
Führung	**visita** *f* **guiada**	[biˈsita giˈaða]
Freibad	**piscina** *f* **al aire libre**	[pisˈθina al ˈaire ˈliβre]
Freizeitpark	**parque** *m* **de atracciones**	[ˈparke de atraˈgθjon]
Galerie	**galería** *f*	[galeˈria]
genießen	**disfrutar**	[disfruˈtar]
Gletscher	**glaciar** *m*	[glaˈθjar]
Grünanlage	**zona** *f* **verde**	[ˈθona ˈberðe]
Hafen	**puerto** *m*	[ˈpwerto]
Hinfahrt	**viaje** *m* **de ida**	[ˈbjaxe de ˈiða]
Höhle	**cueva** *f*	[ˈkweβa]
Jahrhundert	**siglo** *m*	[ˈsiglo]
Kino	**cine** *m*	[ˈθine]
Kirche	**iglesia** *f*	[iˈglesja]
Konzert	**concierto** *m*	[konˈθjerto]
Landschaft	**paisaje** *m*	[pajˈsaxe]
laufen	**andar**	[anˈdar]
Leuchtturm	**faro** *m*	[ˈfaro]
Maler	**pintor** *m*	[pinˈtor]
Malerei	**pintura** *f*	[pinˈtura]
Meer	**mar** *m*	[mar]
Minigolf	**minigolf** *m*	[miniˈgolf]
Museum	**museo** *m*	[muˈseo]
Nationalpark	**parque** *m* **nacional**	[ˈparke naθjoˈnal]
Naturschutzgebiet	**reserva** *f* **natural**	[rreˈserβa natuˈral]
Oper	**ópera** *f*	[ˈopera]
Opernhaus	**teatro** *m* **de la ópera**	[teˈatro de la ˈopera]

Palast	**palacio** *m*	[pa'laθjo]
Park	**parque** *m*	['parke]
Picknick	**picnic** *m*	['piknik]
Prospekt	**prospecto** *m*	[pros'pekto]
Rückfahrt	**viaje** *m* **de vuelta**	['bjaxe de 'bwelta]
Ruinen	**ruinas** *f pl*	['rrwinas]
Rundfahrt	**circuito** *m*/**vuelta** *f*	[θir'kwito/'bwelta]
Schloss	**castillo** *m*	[kas'tiʎo]
Schluchten	**barrancos** *m pl*	[ba'rraŋkos]
Schwimmbad	**piscina** *f*	[pis'θina]
See	**lago** *m*	['lago]
Segeltörn	**excursión** *f* **en barco de vela**	[eskur'sjon en 'barko de 'bela]
Stadtplan	**plano** *m* **de la ciudad**	['plano de la θju'ðað]
Stadtteil	**barrio** *m*	['barrjo]
Strand	**playa** *f*	['plaja]
Synagoge	**sinagoga** *f*	[sina'goga]
Tempel	**templo** *m*	['templo]
Theater	**teatro** *m*	[te'atro]
Treffpunkt	**punto** *m* **de reunión**	['punto de rrew'njon]
Turnier	**torneo** *m*	[tor'neo]
Universität	**universidad** *f*	[uniβersi'ðað]
Wasser	**agua** *f*	['agwa]
Wüste	**desierto** *m*	[de'sjerto]
Wanderung	**caminata** *f*/**excursión** *f*	[kami'nata/eskur'sjon]
Wasserfall	**catarata** *f*	[kata'rata]
Zoo	**zoo** *m*	[θo]

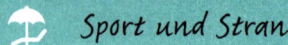

Welche Sportveranstaltung gibt es hier?	**¿Qué tipos de deporte se ofrecen aquí?**	[ke 'tipo de de'porte se o'freθen a'ki]
Was kostet der Eintritt?	**¿Cuánto cuesta la entrada?**	['kwanto 'kwesta la en'traða]
Welche Mannschaften spielen?	**¿Qué equipos juegan?**	[ke e'kipos 'xwegan]
Wie steht es?	**¿Cómo va?**	['komo ba]
Gibt es ein Freibad?	**¿Hay una piscina al aire libre?**	[aj 'una pis'θina al 'aire 'liβre]
Kann ich hier in der Nähe angeln?	**¿Puedo pescar por aquí cerca?**	['pweðo pes'kar por a'ki 'θerka]
Ich möchte ein Boot mieten.	**Quiero alquilar una lancha.**	['kjero alki'lar 'una 'lantʃa]
Gibt es hier einen Tennisplatz?	**¿Hay aquí una pista de tenis?**	[aj a'ki 'una 'pista de 'tenis]
Kann ich Schläger mieten?	**¿Puedo alquilar raquetas?**	['pweðo alki'lar rra'ketas]
Wo geht es zum Strand?	**¿Cómo se va a la playa?**	['komo se ba a la 'plaja]

Wo sind die Umkleide-kabinen?	**¿Dónde están los vestuarios?**	['donde es'tan los bes'twarjos]
Was kostet ein Liege-stuhl?	**¿Cuánto cuesta una hamaca?**	['kwanto 'kwesta 'una a'maka]
Kann man einen Son-nenschirm ausleihen?	**¿Se puede alquilar una sombrilla?**	[se 'pweðe alki'lar 'una som'briʎa]
Darf man hier baden?	**¿Está permitido bañarse aquí?**	[es'ta permi'tiðo ba'narse a'ki]
Kann man am Strand Volleyball spielen?	**¿Se puede jugar al voleibol en la playa?**	[se 'pweðe xu'gar al bolej'βol en la 'plaja]
Wie weit darf man hinausschwimmen?	**¿Hasta dónde está permitido bañarse?**	['asta 'donde es'ta permi'tiðo ba'narse]
Baden verboten!	**¡Prohibido bañarse!**	[proi'βiðo ba'narse]
Achtung, Strömung!	**¡Cuidado, corriente!**	[kwi'ðaðo ko'rrjente]
Ist es für Kinder gefährlich?	**¿Es peligroso para los niños?**	[es peli'groso 'para los 'ninos]

Anfänger	**principiante** *m*	[prinθi'pjante]
Angel	**caña** *f*	['kaɲa]
Angelhaken	**anzuelo** *m*	[an'θwelo]
Angelschein	**licencia** *f* **de pesca**	[li'θenθja de 'peska]
Badehose	**bañador** *m*	[baɲa'ðor]
Badekappe	**gorro** *m* **de baño**	['gorro de 'baɲo]
Bademeister	**bañero** *m*	[ba'ɲero]
Ball	**pelota** *f*/**balón** *m*	[pe'lota/ba'lon]
Bergschuhe	**botas** *f pl* **de montaña**	['botas de mon'taɲa]
Bergsteigen	**alpinismo** *m*	[alpi'nismo]
Bucht	**bahía** *f*	[ba'ia]
Düne	**duna** *f*	['duna]
Ergebnis	**resultado** *m*	[rresul'taðo]
Fahrrad	**bicicleta** *f*	[biθi'kleta]
FKK-Strand	**playa** *f* **nudista**	['plaja nu'ðista]
Fußballspiel	**partido** *m* **de fútbol**	[par'tiðo de 'futβol]
Golfplatz	**campo** *m* **de golf**	['kampo de golf]
Hai	**tiburón** *m*	[tiβu'ron]
Handtuch	**toalla** *f*	[to'aʎa]
Jagdschein	**licencia** *f* **de caza**	[li'θenθja de 'caθa]
Kanu	**canoa** *f*	[ka'noa]
Kartenspiel	**juego** *m* **de cartas**	['xwego de 'kartas]
klettern	**escalar**	[eska'lar]
Kurs	**curso** *m*	['kurso]
Lebensgefahr	**peligro** *m* **de muerte**	[pe'ligro de 'mwerte]

Luftmatratze	**colchón** *m* **hinchable**	[kol'tʃon in'tʃaβle]
Lufttemperatur	**temperatura** *f* **del aire**	[tempera'tura del 'aire]
Mannschaft	**equipo** *m*	[e'kipo]
mieten	**alquilar**	[alki'lar]
Motorboot	**lancha** *f* **motora**	['lantʃa mo'tora]
Nichtschwimmer	**no nadador** *m*	[no naða'ðor]
Pferd	**caballo** *m*	[ka'βaʎo]
Privatstrand	**playa** *f* **privada**	['plaja pri'βaða]
Rettungsring	**salvavidas** *m*	[salβa'βiðas]
Ruderboot	**barco** *m* **de remos**	['barko de 'remos]
Sandspielzeug	**juguetes** *m pl* **para jugar en la arena**	[xu'getes 'para xu'gar en la a'rena]
Sauna	**sauna** *f*	['sawna]
Schiedsrichter	**árbitro** *m*	['arβitro]
Schläger	**raqueta** *f*	[rra'keta]
Schnorchel	**esnórquel** *m*	[es'norkel]
Schwimmflossen	**aletas** *f pl*	[a'letas]
Schwimmflügel	**flotador** *m*	[flota'ðor]
Segelboot	**velero** *m*	[be'lero]
Shorts	**pantalones** *m pl* **cortos**	[panta'lones 'kortos]
Sonnenbrille	**gafas** *f pl* **de sol**	['gafas de sol]
Sonnencreme	**crema** *f* **solar**	['krema so'lar]
Sport	**deporte** *m*	[de'porte]
Stadion	**estadio** *m*	[es'taðjo]
Strand	**playa** *f*	['plaja]
Strandcafé	**cafetería** *f* **en la playa**	[kafete'ria en la 'plaja]

Strandlaken	**toallas** *f pl* **de baño**	[to'aʎas de 'baɲo]
Strandschuhe	**zapatillas** *f pl* **pla-yeras**	[θapa'tiʎas pla'jeras]
Strömung	**corriente** *f*	[ko'rrjente]
Sturmwarnung	**aviso** *m* **de tempestad**	[a'βiso de tempes'taθ]
Surfbrett	**tabla** *f* **de surf**	['taβla de surf]
Taucherausrüstung	**equipo** *m* **de buceo**	[e'kipo de bu'θeo]
Umkleidekabine	**vestuarios** *m pl*	[bes'twarjos]
unentschieden	**empate**	[em'pate]
Wanderkarte	**mapa** *m* **de excursionista/senderismo**	['mapa de eskursjo'nista/ sende'rismo]
wandern	**caminar/hacer senderismo**	[kami'nar/a'θer sende'rismo]
Wanderschuhe	**botas** *f pl* **de senderismo**	['botas de sende'rismo]
Wanderweg	**itinerario** *m*	[itine'rarjo]
Wasser	**agua** *f*	['agwa]
Wellen	**olas** *f pl*	['olas]
Wellenbad	**piscina** *f* **de olas**	[pis'θina de 'olas]
Ziel	**meta** *f*	['meta]

Spanien bietet seinen Touristen nicht nur Strand und Meer, sondern auch unberührte Natur. Auf zahlreichen Wanderwegen im Hinterland kann man die Landschaft genießen, einen Pilgerweg beschreiten oder auf den Spuren der spanischen Geschichte wandeln.

Abfahrtslauf	**descenso** m	[desˈθenso]
angeln	**pescar**	[pesˈkar]
bergsteigen	**escalar montañas**	[eskaˈlar monˈtaɲas]
Biathlon	**biatlón** m	[biaðˈlon]
Bobfahren	**carrera** f **de bobs**	[kaˈrrera de bobs]
Boxen	**boxeo** m	[bogˈseo]
Eishockey	**hockey** m **sobre hielo**	[ˈxokej ˈsoβre ˈielo]
eislaufen	**patinar sobre hielo**	[patiˈnar ˈsoβre ˈielo]
Fahrrad fahren	**montar en bicicleta**	[monˈtar en biθiˈkleta]
Fechten	**esgrima** f	[esˈgrima]
Formel Eins	**fórmula** f **uno**	[ˈformula ˈuno]
Fußball	**fútbol** m	[ˈfutβol]
Geräteturnen	**gimnasia** f **por aparatos**	[ximˈnasja por apaˈratos]
Golf	**golf** m	[golf]
Gymnastik	**gimnasia** f	[ximˈnasja]
Handball	**balonmano** m	[balonˈmano]
joggen	**correr**	[koˈrrer]
Judo	**judo** m	[ˈjuðo]
Karate	**karate** m	[kaˈrate]
Kricket	**crícket** m	[ˈkriket]
Krocket	**crocket** m	[ˈkroket]
Langlauf	**esquí** m **de fondo**	[esˈki de ˈfondo]
Leichtathletik	**atletismo** m	[atleˈtismo]
Minigolf	**minigolf** m	[miniˈgolf]
Motorrad fahren	**montar en moto**	[monˈtar en ˈmoto]

Mountainbiking	**montar en bicicleta de montaña**	[monˈtar en biθiˈkleta de monˈtaɲa]

In Spanien kann man alle Sportarten betreiben: Vom Wintersport (in den Pyrenäen und der Sierra Nevada) bis zum Wassersport ist alles möglich. Natürlich liegt der Schwerpunkt bei den Sommersportarten. Windsurfer kommen besonders auf ihre Kosten an der südandalusischen Küste zwischen Tarifa und Cádiz. Dort bläst das ganze Jahr hindurch ein konstanter Wind.

Paragliding	**parapente** *m*	[paraˈpente]
reiten	**montar a caballo**	[monˈtar a kaˈβaʎo]
Ringkampf	**lucha** *f*	[ˈlutʃa]
Rodeln	**ir en trineo**	[ir en triˈneo]
Rudern	**remo** *m*	[rreˈmo]
Schach	**ajedrez** *m*	[axeˈðreθ]
Schwimmen	**natación** *f*	[nataˈθjon]
Segeln	**navegación** *f* **a vela**	[naβegaˈθjon a ˈbela]
Ski fahren	**esquiar**	[esˈkiar]
Surfen	**hacer surf**	[aˈθer surf]
Tennis	**tenis** *m*	[ˈtenis]
Tischtennis	**tenis** *m* **de mesa**	[ˈtenis de ˈmesa]
Volleyball	**voleibol** *m*	[boleiˈβol]
Wasserball	**waterpolo** *m*	[baterˈpolo]
Wasserski	**esquí** *m* **acuático**	[esˈki aˈkwatiko]
Windsurfen	**windsurf** *m*	[ˈwindsurf]

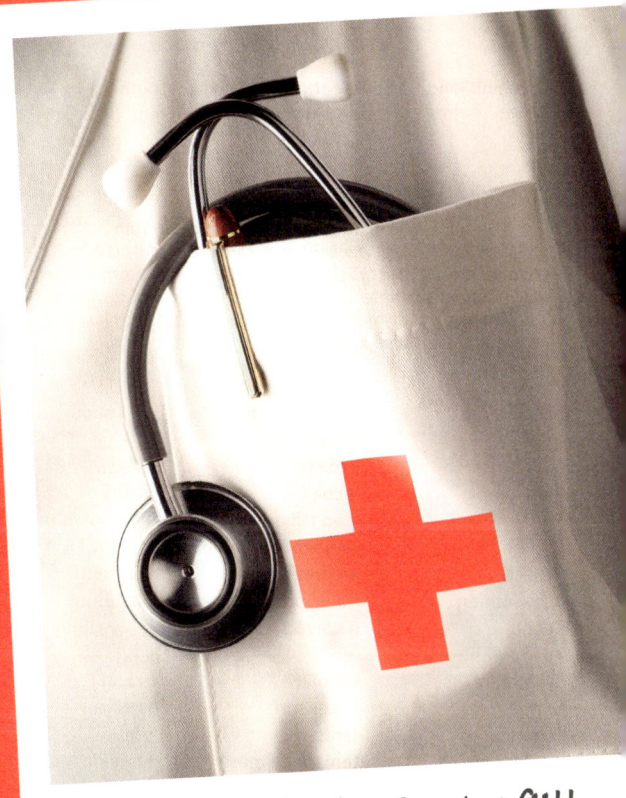

Gesundheit & Notfälle

Wo ist bitte die nächste Apotheke?	**Por favor, ¿dónde está la farmacia más próxima?**	[por faˈβor ˈdonde esˈta la farˈmaθja mas ˈprogsima]
Können Sie mir bitte sagen, welche Apotheke heute Nachtdienst/Notdienst hat?	**¿Me podría decir qué farmacia está hoy de guardia?**	[me poˈðria deˈθir ke farˈmaθja esˈta oj de ˈgwarðja]
Ist diese Arznei rezeptpflichtig?	**¿Este medicamento necesita receta médica?**	[ˈeste meðikaˈmento neθeˈsita rreˈθeta ˈmeðika]
Wie viel kostet dieses Medikament?	**¿Cuánto cuesta este medicamento?**	[ˈkwanto ˈkwesta ˈeste meðikaˈmento]
Geben Sie mir bitte etwas gegen …	**Me podría dar algo para…, por favor**	[me poˈðria dar ˈalgo ˈpara … por faˈβor]
Ich brauche dieses Medikament, bitte.	**Necesito este medicamento, por favor.**	[neθeˈsito ˈeste meðikaˈmento por faˈβor]
Können Sie mir ein Medikament gegen … empfehlen?	**¿Me podría aconsejar un medicamento para…?**	[me poˈðria akonseˈxar un meðikaˈmento ˈpara…]

Haben Sie auch ein pflanzliches Medikament?	**¿Tiene un medicamento natural?**	['tjene un meðika'mento natu'ral]
Können Sie mir bitte dieses Medikament besorgen?	**¿Me podría pedir este medicamento, por favor?**	[me po'ðria pe'ðir 'este meðika'mento por fa'βór]
Wann kann ich es abholen?	**¿Cuándo lo puedo pasar a buscar?**	['kwando lo 'pweðo pa'sar a bus'kar]
Welche Nebenwirkungen könnte das Medikament verursachen?	**¿Qué efectos secundarios tiene este medicamento?**	[ke e'fektos sekun'darjos 'tjene 'este meðika'mento]
Ist das Medikament zur innerlichen oder äußerlichen Anwendung?	**¿Este medicamento es de uso interno o externo?**	['este meðika'mento es de 'uso in'terno o es'terno]
Wie oft täglich muss ich es eigentlich nehmen?	**¿Cuántas veces al día lo tengo que tomar?**	['kwantas 'beθes al 'dia lo 'teŋgo ke to'mar]
Wie viel muss ich einnehmen?	**¿Cuánto tengo que tomar?**	['kwanto 'teŋgo ke to'mar]

Apotheke	**farmacia** *f*	[far'maθja]
apothekenpflichtig	**venta** *f* **sólo en farmacia**	['benta 'solo en far'maθja]
Apotheker	**farmacéutico** *m*	[farma'θewtiko]
ärztliche Anweisung	**receta** *f* **médica**	[rre'θeta 'meðika]
auf nüchternen Magen	**en ayunas**	[en a'ʎunas]
äußerlich	**externo**	[es'terno]
Bestellung	**pedido** *m*	[pe'ðiðo]
Binde	**venda** *f*	['benda]
dreimal täglich	**tres veces al día**	[tres 'beθes al 'dia]
Doktor	**doctor** *m*	[dok'tor]
Infekt	**infección** *f*	[imfeg'θjon]
innerlich	**interno**	[in'terno]
nach dem Essen	**después de comer**	[des'pwes de ko'mer]
Nachtapotheke	**farmacia** *f* **de guardia**	[far'maθja de 'gwarðja]
Nachtzuschlag	**ventanilla** *f*	[benta'niʎa]
Nebenwirkungen	**efectos** *m pl* **secundarios**	[e'fektos sekun'darjos]
Rezept	**receta** *f*	[rre'θeta]
rezeptpflichtig	**necesita receta médica**	[neθe'sita rre'θeta 'meðika]
Risiken	**riesgos** *m pl*	['rriesgos]
Tropfen	**gotas** *f pl*	['gotas]
vor /nach dem Essen	**antes/después de comer**	['antes/des'pwes de ko'mer]

Abführmittel	**purgante** *m*	[pur'gante]
Antibiotikum	**antibiótico** *m*	[anti'bjotiko]
Aspirin	**aspirina** *f*	[aspi'rina]
Augentropfen	**gotas** *f pl* **para los ojos**	['gotas 'para los 'oxos]
Baldriantropfen	**gotas** *f pl* **de valeriana**	['gotas de bale'rjana]
Schmerzmittel	**analgésico** *m*	[anal'xesiko]
Brandsalbe	**pomada** *f* **para las quemaduras**	[po'maða 'para las kema'ðuras]
Desinfektionsmittel	**desinfectante** *m*	[desinfek'tante]
Elastikbinde	**venda** *f* **elástica**	['benda e'lastika]
fiebersenkendes Mittel	**medicamento** *m* **para bajar la fiebre**	[meðika'mento 'para ba'xar la 'fjeßre]
Halsschmerztabletten	**comprimidos** *m pl* **para el dolor de garganta**	[kompri'miðos 'para el do'lor de gar'ganta]
Heftpflaster	**tirita** *f*	[ti'rita]
Hustensaft	**jarabe** *m*	[xa'raße]

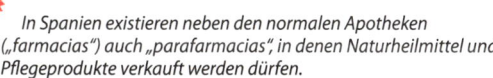

In Spanien existieren neben den normalen Apotheken („farmacias") auch „parafarmacias", in denen Naturheilmittel und Pflegeprodukte verkauft werden dürfen.

Insektenmittel	**remedio** *m* **contra los insectos**	[rre'meðjo 'kontra los in'sektos]
Jodtinktur	**tintura** *f* **de yodo**	[tin'tura de 'ʎoðo]

Kohletabletten	**comprimidos** *m pl* **de carbón**	[kompriˈmiðos de karˈβon]
Kopfschmerztabletten	**comprimidos** *m pl* **para el dolor de cabeza**	[kompriˈmiðos ˈpara el doˈlor de kaˈβeθa]
Kreislaufmittel	**medicamento** *m* **para la circulación**	[meðikaˈmento ˈpara la θirkulaˈθjon]
Magentropfen	**gotas** *f pl* **para el estómago**	[ˈgotas ˈpara el esˈtomago]
Mullbinde	**venda** *f*	[ˈbenda]
Mundwasser	**colutorio** *m*	[koluˈtorjo]
Nasentropfen	**gotas** *f pl* **para la nariz**	[ˈgotas ˈpara la naˈriθ]
Ohrentropfen	**gotas** *f pl* **para los oídos** *m pl*	[ˈgotas ˈpara los ˈoiðos]
Pillen	**comprimidos** *m pl*/ **pastillas** *f pl*	[kompriˈmiðos/ pasˈtiʎas]
Salbe	**pomada** *f*	[poˈmaða]
Schlafmittel	**somnífero** *m*	[somˈnifero]
Schmerztabletten	**antidolorífico** *m*	[antidoloˈrifiko]
Lutschtabletten	**comprimidos** *m pl* **para chupar**	[kompriˈmiðos ˈpara tʃuˈpar]
Traubenzucker	**glucosa** *f*	[gluˈkosa]
Vitamintabletten	**vitaminas** *f pl* **en comprimidos**	[bitaˈminas en kompriˈmiðos]
Watte	**algodón** *m*	[algoˈðon]
Wundsalbe	**ungüento** *m*	[uŋˈgwento]
Zäpfchen	**supositorios** *m pl*	[suposiˈtorjos]

Wann hat der Arzt Sprechstunde?	**¿Cuándo tiene hora de consulta el médico?**	[ˈkwando ˈtjene ˈora de konˈsulta el ˈmeðiko]
Ich hätte bitte gerne einen Termin.	**Quería pedir hora, por favor.**	[keˈria peˈðir ˈora por faˈβor]
Bei welcher Krankenkasse sind Sie versichert?	**¿Qué tipo de seguro tiene?**	[ke ˈtipo de seˈguro ˈtjene]
Wo tut es Ihnen weh?	**¿Dónde le duele?**	[ˈdonde le ˈdwele]
Öffnen Sie bitte den Mund!	**Abra la boca, por favor.**	[ˈaβra la ˈboka por faˈβor]
Atmen Sie tief durch!	**Respire hondo.**	[rresˈpire ˈondo]
Sind Sie gegen ... geimpft?	**¿Está usted vacunado contra...?**	[esˈta usˈteð bakuˈnaðo ˈkontra ...]
Es ist nichts Ernstes!	**¡No es nada grave!**	[no es ˈnaða ˈgraβe]
Hier tut es weh.	**Me duele aquí.**	[me ˈdwele aˈki]
Ich habe starke/ stechende Schmerzen.	**Tengo unos dolores muy fuertes/punzantes.**	[ˈteŋgo ˈunos doˈlores mwi ˈfwertes/punˈθantes]

Ich habe mich erkältet.	**Me he resfriado.**	[me e rresˈfrjaðo]
Ich bin gestochen/ gebissen worden.	**Me han picado/ mordido.**	[me an piˈkaðo/ morˈðiðo]
Ich bin gestürzt.	**Me he caído.**	[me e kaˈiðo]
Ich habe mir den Magen verdorben.	**Tengo una indigestión.**	[ˈteŋgo ˈuna indixesˈtjon]
Ich habe einen hohen Blutdruck.	**Tengo la tensión alta.**	[ˈteŋgo la tenˈsjon ˈalta]
Ich bin gegen ... allergisch.	**Soy alérgico a...**	[soj aˈlerxiko a ...]
Ich zahle privat.	**Soy un paciente privado.**	[soj un paˈθjente priˈβaðo]
Spricht hier jemand Deutsch?	**¿Alguien habla alemán?**	[ˈalgjen ˈaβla aleˈman]
Ich kann mich nicht bewegen.	**No me puedo mover.**	[no me ˈpweðo moˈβer]
Ich möchte in Deutschland operiert werden.	**Quiero ser operado en Alemania.**	[ˈkjero ser opeˈraðo en aleˈmanja]

Könnten Sie bitte meine Familie benachrichtigen.	**Por favor, ¿podría avisar a mis familiares?**	[por faˈβor poˈðria aβiˈsar a mis famiˈljares]
Ich nehme regelmäßig dieses Medikament.	**Tomo este medicamento con regularidad.**	[ˈtomo ˈeste meðikaˈmento kon rreɣulariˈðað]
Ich vertrage diese Medikamente nicht.	**No tolero este medicamento.**	[no toˈlero ˈeste meðikaˈmento]
Ich hatte gerade einen Unfall.	**Acabo de tener un accidente.**	[aˈkaβo de teˈner un aɣθiˈðente]
Wie lautet die Diagnose?	**¿Cuál es el diagnóstico?**	[ˈkwal es el djaɣˈnostiko]
Wie lange muss ich hier bleiben?	**¿Cuánto tiempo me tengo que quedar aquí?**	[ˈkwanto ˈtjempo me ˈteŋgo keˈðar aˈki]
Sie werden am … um … operiert.	**Se le operará el… a las…**	[se le operaˈra el … a las …]
Helfen Sie mir bitte.	**Ayúdeme, por favor.**	[aˈjuðeme por faˈβor]
Wie sind hier die Besuchszeiten?	**¿Cuál es el horario de visitas?**	[ˈkwal es el oˈrarjo de biˈsitas]

Ader	**vena** *f*	['bena]
Arm	**brazo** *m*	['braθo]
Assistenzarzt	**médico** *m* **asistente**	['meðiko asis'tente]
Atmung	**respiración** *f*	[rrespira'θjon]
Aufnahme	**recepción** *f*	[rreθep'θjon]
Auge	**ojo** *m*	['oxo]
Bauch	**vientre** *m*	['bjentre]
Bein	**pierna** *f*	['pjerna]
Beruhigungsmittel	**calmante** *m*	[kal'mante]
Besuchszeit	**horario** *m* **de visita**	[o'rarjo de bi'sita]
Blutbild	**cuadro** *m* **hemático**	['kwaðro e'matiko]
Blutdruck	**presión** *f* **sanguínea**	[pre'sjon san'ginea]
Bluttransfusion	**transfusión** *f* **sanguínea**	[transfu'sjon saŋ'ginea]
Blut	**sangre** *f*	['saŋgre]
Brust	**pecho** *m*	['petʃo]
Chefarzt	**médico** *m* **jefe**	['meðiko 'xefe]
Chirurg	**cirujano** *m*	[θiru'xano]
Darm	**intestino** *m*	[intes'tino]
Ellbogen	**codo** *m*	['koðo]
entlassen	**dar de alta**	[dar de 'alta]
erste Hilfe	**primeros** *m pl* **auxilios**	[pri'meros auǥ'siljos]
Finger	**dedo** *m*	['deðo]
Fuß	**pie** *m*	[pie]
Gelenk	**articulación** *f*	[artikula'θjon]

Hals	**cuello** m	[ˈkweʎo]
Hand	**mano** f	[ˈmano]
Haut	**piel** f	[pjel]
Herz	**corazón** m	[koraˈθon]
Hüfte	**cadera** f	[kaˈðera]
Kinn	**barbilla** f	[barˈβiʎa]
Knie	**rodilla** f	[rroˈðiʎa]
Knochen	**huesos** m pl	[ˈwesos]
Kopf	**cabeza** f	[kaˈβeθa]
Krankenbett	**camilla** f	[kaˈmiʎa]
Krankenhaus	**hospital** m	[ospiˈtal]
Krankenschein	**certificado** m **médico**	[θertifiˈkaðo ˈmeðiko]
Krankenwagen	**ambulancia** f	[ambuˈlanθja]
Kreislauf	**circulación** f	[θirkulaˈθjon]
Körper	**cuerpo** m	[ˈkwerpo]
Magen	**estómago** m	[esˈtomago]
Mund	**boca** f	[ˈboka]
Muskel	**músculo** m	[ˈmuskulo]
Nachtschwester	**enfermera** f **de guardia**	[enferˈmera de ˈgwarðja]
Narkose	**narcóticos** m pl	[narˈkotikos]
Nase	**nariz** f	[naˈriθ]
Notaufnahme	**urgencias** f pl	[urˈxenθjas]
Oberschenkel	**muslo** m	[ˈmuslo]
Ohr	**oreja** f	[oˈrexa]
Operation	**operación** f	[operaˈθjon]
operieren	**operar**	[opeˈrar]
Operationssaal	**quirófano** m	[kiˈrofano]
Patient(in)	**paciente** m/f	[paˈθjente]

Röntgenaufnahme	**radiografía** *f*	[rraðjograˈfia]
Rücken	**espalda** *f*	[esˈpalda]
Sanitäter	**enfermero** *m*	[enferˈmero]
Schlafmittel	**somnífero** *m*	[somˈnifero]
Schmerzmittel	**calmante** *m*	[kalˈmante]
Schulter	**hombro** *m*	[ˈombro]
Schwester	**enfermera** *f*	[enferˈmera]
Sprechstunde	**(hora** *f* **de) consulta**	[(ˈora de) konˈsulta]
Spritze	**inyección** *f*	[injeɡˈθjon]
Spritze	**jeringa** *f*	[xeˈriŋga]
Station	**servicio** *m*	[serˈβiθjo]
Stuhlgang	**defecación** *f*	[defekaˈθjon]
Temperatur	**temperatura** *f*	[temperaˈtura]
Termin	**hora** *f* **(de visita)**	[ˈora (de biˈsita)]
Therapie	**terapia** *f*	[teˈrapja]
Unterschenkel	**pierna** *f*	[ˈpjerna]
untersuchen	**examinar**	[egsamiˈnar]
Untersuchung	**examen** *m*	[egˈsamen]
Urinprobe	**prueba** *f* **de orina**	[ˈprweba de oˈrina]
Urin	**orina** *f*	[oˈrina]
Visite	**visita** *f*	[biˈsita]
Wartezimmer	**sala** *f* **de espera**	[ˈsala de esˈpera]
Zahn	**diente** *m*	[ˈdjente]
Zehen	**dedos** *m pl* **del pie**	[ˈdeðos del pje]
Zivildienstleistender	**objetor** *m* **de conciencia**	[oβxeˈtor de konˈθjenθja]
Zunge	**lengua** *f*	[ˈleŋgwa]

Asthma	**asma** *m*	[ˈasma]
Diabetes	**diabetes** *f*	[djaˈβetes]
Durchfall	**diarrea** *f*	[djaˈrrea]
Fieber	**fiebre** *f*	[ˈfjeβre]
Gelbsucht	**ictericia** *f*	[ikteˈriθja]
Gelenkrheumatismus	**reúma** *m* **de las articulaciones**	[ˈrrewma de las artikulaˈθjones]
Grippe	**gripe** *f*	[ˈgripe]
Halsschmerzen	**dolor** *m* **de garganta**	[doˈlor de garˈganta]
Herzinfarkt	**infarto** *m*	[inˈfarto]
Husten	**tos** *f*	[tos]
Knochenbruch	**fractura** *f* **ósea**	[frakˈtura ˈosea]
Kolik	**cólico** *m*	[ˈkoliko]
Kopfschmerzen	**dolor** *m* **de cabeza**	[doˈlor de kaˈβeθa]
Kreislaufstörung	**problemas** *m pl* **circulatorios**	[proˈβlemas θirkulaˈtorjos]
Lungenentzündung	**pulmonía** *f*	[pulmoˈnia]
Magenschmerzen	**dolor** *m* **de estómago**	[doˈlor de esˈtomago]
Migräne	**jaqueca** *f*	[xaˈkeka]
Mittelohrentzündung	**otitis** *f* **media**	[oˈtitis ˈmeðja]
Schnupfen	**resfriado** *m*	[rresˈfriaðo]
Übelkeit	**náuseas** *f pl*	[ˈnawseas]
Verdauungsstörung	**problemas** *m pl* **digestivos**	[proˈβlemas dixesˈtiβos]
Vergiftung	**intoxicación** *f*/ **envenenamiento** *m*	[intogsikaˈθjon/ enβenenaˈmjento]

Hilfe!	**¡Ayuda!**	[aˈjuða]
Polizei!	**¡Policía!**	[poliˈθia]
Wo ist das nächste Polizeirevier?	**¿Dónde se encuentra la comisaría más cercana?**	[ˈdonde se enˈkwentra la komisaˈria mas θerˈkana]
Bitte rufen Sie schnell die Polizei!	**¡Llamen enseguida a la policía!**	[ˈʎamen enseˈɣiða a la poliˈθia]
Können Sie mir bitte helfen?	**¿Me podrían ayudar, por favor?**	[me poˈðrian ajuˈðar por faˈβor]
Gibt es hier jemanden, der Deutsch spricht?	**¿Hay alguien que hable alemán?**	[aj ˈalgjen ke ˈaβle aleˈman]
Ich möchte einen Diebstahl/Verlust/ Unfall melden.	**Quisiera denunciar un robo/una pérdida/un accidente.**	[kiˈsjera denunˈθjar un ˈrroβo/ˈuna ˈperðiða/un agθiˈðente]
Mir ist … gestohlen worden.	**Me han robado…**	[me ˈan rroˈβaðo …]
Ich möchte … anzeigen.	**Quisiera denunciar…**	[kiˈsjera denunˈθjar …]

Mein Auto ist aufge-brochen worden.	**Me han abierto el coche.**	[me ˈan aˈβjerto el ˈkotʃe]
Dieser Mann belästigt mich.	**Este señor me molesta.**	[ˈeste seˈɲor me moˈlesta]
Kann ich bitte telefo-nieren?	**¿Puedo llamar por teléfono?**	[ˈpweðo ʎaˈmar por teˈlefono]
Können Sie mir bitte beim Ausfüllen dieses Formulars helfen?	**¿Me podría ayudar a rellenar este impreso?**	[me poˈðria ajuˈðar a rreʎeˈnar ˈeste imˈpreso]
Ich bin unschuldig.	**Soy inocente.**	[soj inoˈθente]
Ich möchte mit einem Anwalt sprechen.	**Quisiera hablar con un abogado.**	[kiˈsjera aˈβlar kon un aβoˈgaðo]
Ich möchte die deut-sche Botschaft an-rufen.	**Quisiera llamar al consulado alemán.**	[kiˈsjera ʎaˈmar al konsuˈlaðo aleˈman]
Ich erkenne den Mann/die Frau wieder.	**Reconozco a este señor/esta señora.**	[rrekoˈnoθko a ˈeste seˈɲor/ˈesta seˈɲora]
Ich habe mich an die Verkehrsregeln gehalten.	**He respetado la nor-ma de circulación.**	[e rrespeˈtaðo la ˈnorma de θirkulaˈθjon]

Anzeige	**denuncia** *f*	[deˈnunθja]
aufbrechen	**abrir**	[aˈβrir]
Auto	**coche** *m*	[ˈkotʃe]
Autoschlüssel	**llaves** *f pl* **del coche**	[ˈʎaβes del ˈkotʃe]
belästigen	**molestar**	[molesˈtar]
Belästigung	**molestia** *f*	[moˈlestja]
Dieb	**ladrón** *m*	[laˈðron]
Diebstahl	**robo** *m*	[ˈrroβo]
Drogenhändler	**narcotraficante** *m*	[narkotrafiˈkante]
Einbrecher	**ladrón** *m*	[laˈðron]
Einbruch	**robo** *m*	[ˈrroβo]
entführen	**secuestrar**	[sekwesˈtrar]
Fahrerflucht	**delito** *m* **de fuga**	[deˈlito de ˈfuga]
Formular	**impreso** *m*	[imˈpreso]
Gefängnis	**prisión** *f*	[priˈsjon]
Geld	**dinero** *m*	[diˈnero]
Geldbörse	**monedero** *m*	[moneˈðero]
Gericht	**juzgado** *m*	[xuθˈɣaðo]
gestohlen	**robado**	[rroˈβaðo]
gewalttätig	**violento**	[bjoˈlento]
Handtasche	**bolso** *m*	[ˈbolso]
illegal	**ilegal**	[ileˈɣal]
Koffer	**maleta** *f*	[maˈleta]
Konsulat	**consulado** *m*	[konsuˈlaðo]
körperlich	**corporal**	[korpoˈral]
Kriminalpolizei	**policía** *f* **criminal**	[poliˈθia krimiˈnal]
Mord	**asesinato** *m*	[asesiˈnato]
Opfer	**víctima** *f*	[ˈbiktima]

Papiere	**papeles** *m pl*/**documentos** *m pl*	[pa'peles/doku'mentos]
Personalausweis	**carné** *m* **de identidad (DNI)**	[kar'ne de iðenti'ðað]
Polizei	**policía** *f*	[poli'θia]
Polizist/in	**policía** *m/f*	[poli'θia]
physisch	**físico**	['fisiko]
Rechtsanwalt/-anwältin	**abogado/-a** *m/f*	[aβo'gaðo/a]
Reisepass	**pasaporte** *m*	[pasa'porte]
Schlüssel	**llave** *f*	['ʎaβe]
Tasche	**bolso** *m*	['bolso]
Taschendieb	**carterista** *m*	[karte'rista]
Überfall	**atraco** *m*	[a'trako]
überfallen	**atracar**	[atra'kar]
Unfall	**accidente** *m*	[agθi'ðente]
unschuldig	**inocente**	[ino'θente]

Es ist in Spanien nicht erlaubt, sich gegenseitig abzuschleppen. Diesen Dienst dürfen ausschließlich dafür spezialisierte Unternehmen anbieten.

Verbrechen	**crimen** *m*	['krimen]
Verbrecher	**criminal** *m*	[krimi'nal]
Vergewaltigung	**violación** *f*	[bjola'θjon]
verhaften	**detener**	[dete'ner]
Verhaftung	**detención** *f*	[deten'θjon]
Zeuge	**testigo** *m*	[tes'tigo]

Unfallort	**lugar** *m* **del accidente**	[lu'gar del aɣθi'ðente]
Kilometerstein (bei Unfällen außerorts)	**poste** *m* **kilométrico (para los accidentes fuera del lugar)**	['poste kilo'metriko ('para los aɣθi'ðentes 'fwera del lu'gar)]
Unfallzeit	**hora** *f* **del accidente**	['ora del aɣθi'ðente]
Unfallbeteiligte	**afectados** *m pl* **por el accidente**	[afek'taðos por el aɣθi'ðente]
Fahrzeug	**vehículo** *m*	[be'ikulo]
Amtliches Kenn-zeichen	**matrícula** *f*	[ma'trikula]
Versicherung	**seguro** *m*	[se'guro]
Versicherungs-nummer	**número** *m* **del seguro**	['numero del se'guro]
Fahrzeugschäden	**daños** *m pl* **al vehí-culo**	['daɲos al be'ikulo]
Fahrzeuginsassen	**ocupantes** *m pl* **del vehículo**	[oku'pantes del be'ikulo]
Zeugen	**testigos** *m pl*	[tes'tigos]
Aufnehmende Polizei-dienststelle	**puesto** *m* **de policía que ha levantado acta**	['pwesto de poli'θia ke a leβan'taðo 'akta]
Ort	**lugar** *m*	[lu'gar]
Kurze Schilderung des Unfallverlaufs	**breve descripción** *f* **del desarrollo del accidente**	['breβe des-krip'θjon del desa'rroʎo del aɣθi'ðente]

Daten & Fakten

eins	**uno**	[ˈuno]
zwei	**dos**	[dos]
drei	**tres**	[tres]
vier	**cuatro**	[ˈkwatro]
fünf	**cinco**	[ˈθiŋko]
sechs	**seis**	[ˈsejs]
sieben	**siete**	[ˈsjete]
acht	**ocho**	[ˈotʃo]
neun	**nueve**	[ˈnweβe]
zehn	**diez**	[ˈdjeθ]
elf	**once**	[ˈonθe]
zwölf	**doce**	[ˈdoθe]
dreizehn	**trece**	[ˈtreθe]
vierzehn	**catorce**	[kaˈtorθe]
fünfzehn	**quince**	[ˈkinθe]
sechzehn	**dieciséis**	[djeθiˈsejs]
siebzehn	**diecisiete**	[djeθiˈsjete]
achtzehn	**dieciocho**	[djeθiˈotʃo]
neunzehn	**diecinueve**	[djeθiˈnweβe]
zwanzig	**veinte**	[ˈbejnte]
einundzwanzig	**veintiuno**	[bejntiˈuno]
zweiundzwanzig	**veintidós**	[bejntiˈdos]
dreiundzwanzig	**veintitrés**	[bejntiˈtres]
vierundzwanzig	**veinticuatro**	[bejntiˈkwatro]
fünfundzwanzig	**veinticinco**	[bejntiˈθiŋko]
sechsundzwanzig	**veintiséis**	[bejntiˈsejs]
siebenundzwanzig	**veintisiete**	[bejntiˈsjete]
achtundzwanzig	**ventiocho**	[bejntiˈotʃo]
neunundzwanzig	**veintinueve**	[bejntiˈnweβe]
dreißig	**treinta**	[ˈtrejnta]

vierzig	**cuarenta**	[kwaˈrenta]
fünfzig	**cincuenta**	[θiŋˈkwenta]
sechzig	**sesenta**	[seˈsenta]
siebzig	**setenta**	[seˈtenta]
achtzig	**ochenta**	[oˈtʃenta]
neunzig	**noventa**	[noˈβenta]
einhundert	**cien**	[θjen]
zweihundert	**doscientos**	[dosˈθjentos]
dreihundert	**trescientos**	[tresˈθjentos]
vierhundert	**cuatrocientos**	[kwatroˈθjentos]
fünfhundert	**quinientos**	[kiˈnjentos]
sechshundert	**seiscientos**	[sejsˈθjentos]
siebenhundert	**setecientos**	[seteˈθjentos]
achthundert	**ochocientos**	[otʃoˈθjentos]
neunhundert	**novecientos**	[noβeˈθjentos]
eintausend	**mil**	[mil]
einhunderttausend	**cien mil**	[θjen mil]
fünfhunderttausend	**quinientos mil**	[kiˈnjentos mil]
eine Million	**un millón**	[un miˈʎon]
ein Halb	**medio**	[ˈmeðjo]
ein Viertel	**un cuarto**	[un ˈkwarto]
ein Achtel	**un octavo**	[un okˈtaβo]
Millimeter	**milímetro** *m*	[miˈlimetro]
Zentimeter	**centímetro** *m*	[θenˈtimetro]
Meter	**metro** *m*	[ˈmetro]
Kilometer	**kilómetro** *m*	[kiˈlometro]
Gramm	**gramo** *m*	[ˈgramo]
Kilo	**kilo** *m*	[ˈkilo]
Tonne	**tonelada** *f*	[toneˈlaða]
Liter	**litro** *m*	[ˈlitro]

Wie viel Uhr ist es?	**¿Qué hora es?**	[ke ˈora es]
ein Uhr	**la una**	[la ˈuna]
zwei Uhr	**las dos**	[las dos]
10 nach eins	**la una y diez**	[la ˈuna i ˈdjeθ]
Viertel nach eins	**la una y cuarto**	[la ˈuna i ˈkwarto]
20 Minuten nach eins	**la una y veinte**	[la ˈuna i ˈbejnte]
halb eins	**las doce y media**	[las ˈdoθe i ˈmeðja]
20 Minuten vor eins	**la una menos veinte**	[la ˈuna ˈmenos ˈbejnte]
Viertel vor eins	**la una menos cuarto**	[la ˈuna ˈmenos ˈkwarto]
12 Uhr mittags	**mediodía**	[meðjoˈdia]
Mitternacht	**medianoche**	[meðjaˈnotʃe]
erster	**primero**	[priˈmero]
zweiter	**segundo**	[seˈgundo]
dritter	**tercero**	[terˈθero]
vierter	**cuarto**	[ˈkwarto]
fünfter	**quinto**	[ˈkinto]
sechster	**sexto**	[ˈsegsto]
siebter	**séptimo**	[ˈseptimo]
achter	**octavo**	[okˈtaβo]
neunter	**noveno**	[noˈβeno]
zehnter	**décimo**	[ˈdeθimo]
elfter	**undécimo**	[unˈdeθimo]
zwölfter	**duodécimo**	[duoˈðeθimo]
dreizehnter	**decimotercero**	[deθimoterˈθero]
vierzehnter	**decimocuarto**	[deθimoˈkwarto]
fünfzehnter	**decimoquinto**	[deθimoˈkinto]
sechzehnter	**decimosexto**	[deθimoˈsegsto]

siebzehnter	**decimoséptimo**	[deθimoˈseptimo]
achtzehnter	**decimooctavo**	[deθimokˈtaβo]
neunzehnter	**decimonoveno**	[deθimonoˈβeno]
zwanzigster	**vigésimo**	[biˈxesimo]
einundzwanzigster	**vigésimo primero**	[biˈxesimo priˈmero]
zweiundzwanzigster	**vigésimo segundo**	[biˈxesimo seˈgundo]
Minute	**minuto** *m*	[miˈnuto]
Stunde	**hora** *f*	[ˈora]
Tag	**día** *m*	[ˈdia]
Heute ist der 31. März 2013.	**Hoy es el 31 de marzo de 2013.**	[oi es el ˈtrejnta i uno de ˈmarθo de dos mil ˈtreθe]
Geboren am 14. Juli.	**Nacido/a el 14 de julio.**	[naˈθiðo/a el kaˈtorθe de ˈxuljo]
Nächste Woche, am 1. Mai.	**La semana que viene, el 1 de mayo.**	[la seˈmana ke ˈbjene el priˈmero de ˈmajo]
In der nächsten Woche haben wir den 22. Februar.	**La semana que viene estamos a 22 de febrero.**	[la seˈmana ke ˈbjene esˈtamos a bejntiˈðos de feˈβrero]

Montag	**lunes**	[ˈlunes]
Dienstag	**martes**	[ˈmartes]
Mittwoch	**miércoles**	[ˈmjerkoles]
Donnerstag	**jueves**	[ˈxweβes]
Freitag	**viernes**	[ˈbjernes]
Samstag	**sábado**	[ˈsaβaðo]
Sonntag	**domingo**	[doˈmiŋgo]

Januar	**enero**	[eˈnero]
Februar	**febrero**	[feˈβrero]
März	**marzo**	[ˈmarθo]
April	**abril**	[aˈβril]
Mai	**mayo**	[ˈmajo]
Juni	**junio**	[ˈxunjo]
Juli	**julio**	[ˈxuljo]
August	**agosto**	[aˈgosto]
September	**septiembre**	[sepˈtjembre]
Oktober	**octubre**	[okˈtuβre]
November	**noviembre**	[noˈβjembre]
Dezember	**diciembre**	[diˈθjembre]

Frühling	**primavera** *f*	[primaˈβera]
Sommer	**verano** *m*	[beˈrano]
Herbst	**otoño** *m*	[oˈtoɲo]
Winter	**invierno** *m*	[inˈbjerno]

stündlich	**cada hora**	[ˈkaða ˈora]
täglich	**cada día**	[ˈkaða ˈdia]
wöchentlich	**cada semana**	[ˈkaða seˈmana]
monatlich	**cada mes**	[ˈkaða mes]
jährlich	**cada año**	[ˈkaða ˈaɲo]

bewölkt	**nublado**	[nuˈβlaðo]
Brise, leichte	**ligera** f **brisa**	[liˈxera ˈbrisa]
eiskalt	**helado**	[ˈelaðo]
erträglich	**soportable**	[soporˈtaβle]
Föhn	**viento** m **föhn**	[ˈbjento føːn]
Frost	**hielo** m	[ˈjelo]
Gewitter	**tormenta** f	[torˈmenta]
glatt	**helado**	[eˈlaðo]
Grad	**grados** m pl	[ˈgraðos]
heiß	**caluroso**	[kaluˈroso]
Himmel, klarer	**cielos** m pl **despejados**	[ˈθjelos despeˈxaðos]
Hitze	**calor** m	[kaˈlor]
kalt	**frío**	[ˈfrio]
Kälte	**frío** m	[ˈfrio]
lau	**tibio**	[ˈtiβjo]
nasskalt	**frío** m **húmedo**	[ˈfrio ˈumeðo]
neblig	**nebuloso**	[neβuˈloso]
regnerisch	**lluvioso**	[ʎuˈβjoso]
Schatten	**sombra** f	[ˈsombra]
Schneesturm	**tormenta** f **de nieve**	[torˈmenta de ˈnjeβe]
stürmisch	**tormentoso**	[tormenˈtoso]
Tau	**rocío** m	[rroˈθio]
Unwetter	**temporal** m	[tempoˈral]
warm	**cálido**	[ˈkaliðo]
wechselhaft	**inestable**	[inesˈtaβle]
windig	**ventoso**	[benˈtoso]
Wind	**viento** m	[ˈbjento]
windstill	**sin viento**	[sin ˈbjento]

Wie wird das Wetter?	**¿Qué tiempo hará?**	[ke ˈtjempo aˈra]
Heute ist es sehr heiß!	**¡Hoy hace mucho calor!**	[oi ˈaθe ˈmutʃo kaˈlor]
Es ist zu heiß!	**¡Hace demasiado calor!**	[ˈaθe demaˈsjaðo kaˈlor]
Bleibt es so?	**¿Se va a quedar así?**	[se ba a keˈðar aˈsi]
Es soll bald regnen!	**¡Dentro de poco va a llover!**	[ˈdentro de ˈpoko ba a ʎoˈβer]
Es wird Sturm erwartet!	**¡Está prevista una tormenta!**	[esˈta preˈβista ˈuna torˈmenta]
Es soll neblig werden.	**Tendremos niebla.**	[tenˈdremos ˈnjeβla]
Es wird aufklaren.	**Despejará.**	[despexaˈra]

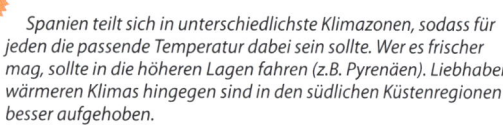

Spanien teilt sich in unterschiedlichste Klimazonen, sodass für jeden die passende Temperatur dabei sein sollte. Wer es frischer mag, sollte in die höheren Lagen fahren (z.B. Pyrenäen). Liebhaber wärmeren Klimas hingegen sind in den südlichen Küstenregionen besser aufgehoben.

Wörterbuch

A

abbiegen girar
Abbildung ilustración f
abbrechen interrumpir
Abend tarde f
Abendessen cena f
abfahren salir
Abfahrt salida f
Abfall basura f
Abflug salida f
Abflughalle terminal f de salidas
Abfluss salida f
Abführmittel laxante m
Abgabe entrega f
abgeben entregar
abhalten impedir
abholen recoger
Abitur selectividad f
Ablauf desarrollo m
ablaufen desarrollarse
ablegen deponer
ablehnen rechazar
abnehmen quitar
abrechnen pasar cuentas
Abrechnung liquidación f
Abreise partida f
abreisen partir
Absage negativa f
absagen suspender
Absatz párrafo m
abschaffen suprimir

Abschaffung supresión f
abschalten apagar
abschicken enviar
abschieben apartar
Abschiebung expulsión f
Abschied despedida f
Abschleppdienst servicio m de grúa
abschleppen remolcar
Abschleppwagen grúa f
abschließen terminar
abschneiden cortar
Abschnitt sección f
Absender remitente m
absetzen depositar
absichern asegurar
Absicherung protección f
Absicht intención f
Absprache acuerdo m
Abstand distancia f
abstellen dejar
Abstieg bajada f
abstimmen votar
Abstimmung votación f
Absturz caída f
abwarten esperar
Abwehr defensa f
Abwesenheit ausencia f
abwickeln realizar
Abwicklung realización f
abziehen quitar
Abzug copia f

Achtung cuidado *m*
addieren sumar
Ader vena *f*
Adresse dirección *f*
Agentur agencia *f*
ahnen presentir
Ahnung presentimiento *m*
Akademie academia *f*
Akt acto *m*
Akteur actor *m*
Aktion acción *f*
aktivieren activar
Akzent acento *m*
Akzeptanz aceptación *f*
akzeptieren aceptar
Alarm alarma *f*
Alkohol alcohol *m*
Allergie alergia *f*
Alltag vida *f* cotidiana
Alptraum pesadilla *f*
alt viejo
Alter edad *f*
Alternative alternativa *f*
Altstadt parte *f* antigua
Ambiente ambiente *m*
Amerikaner americano *m*
Ampel semáforo *m*
Amt oficina *f*
amüsieren divertirse
Analyse análisis *m*
analysieren analizar
Ananas piña *f*

Anbau cultivo *m*
anbieten ofrecer
Anblick vista *f*
Andenken recuerdo *m*
ändern cambiar
Anerkennung reconocimiento *m*
Anfall ataque *m*
Anfang comienzo *m*
Anfänger principiante *m*
anfordern pedir
Anforderung demanda *f*
Anfrage pregunta *f*
Angabe indicación *f*
angeben indicar
Angebot oferta *f*
angehen referirse a
Angelegenheit asunto *m*
angeln pescar
Angelsport pesca *f*
Angestellter empleado *m*
angreifen atacar
Angreifer agresor *m*
Angst miedo *m*
anhalten parar
ankommen llegar
Ankunft llegada *f*
Anlage disposición *f*
Anlasser arranque *m*
anlaufen hacer escala en
anlegen poner
Anliegen deseo *m*

annähen coser
annehmen aceptar
anordnen disponer
anpassen ajustar
anprobieren probarse
anregen animar
anreisen llegar
Anruf llamada *f*
anrufen llamar
Ansage presentación *f*
anschauen mirar
Anschein apariencia *f*
Anschlag choque *m*
anschließen unir
Anschluss conexión *f*
anschnallen sujetar
ansehen mirar
Ansicht vista *f*
Ansichtskarte postal *f*
Anstieg subida *f*
Anteil parte *f*
Anteilnahme interés *m*
Antibiotikum antibiótico *m*
Antike antigüedad *f*
Antiquititäten antigüeda-
des *f pl*
Antwort respuesta *f*
antworten responder
Anwalt abogado *m*
anwenden emplear
Anwohner vecino *m*
Anzahl número *m*

Anzahlung pago *m*
Anzeichen señal *f*
Anzeige aviso *m*
Anzug traje *m*
Apartment apartamento *m*
Apfel manzana *f*
Apfelsine naranja *f*
Apotheke farmacia *f*
Appetit apetito *m*
Aprikose albaricoque *m*
arbeiten trabajar
Arbeiter trabajador *m*
Arbeitgeber patrono *m*
Arbeitnehmer empleado *m*
Arbeitszeit jornada *f* laboral
Architekt arquitecto *m*
Architektur arquitectura *f*
Arena plaza *f* de toros
Argument argumento *m*
anstiften provocar
arm pobre
Arm brazo *m*
Armbanduhr reloj *m* de
pulsera
Ärmel manga *f*
Armut pobreza *f*
Art manera *f*
Artischocke alcachofa *f*
Arzneimittel medicamento *m*
Arzt médico *m*
Aschenbecher cenicero *m*
Aspirin aspirina *f*

Asyl asilo *m*
Atem aliento *m*
Atlantik atlántico *m*
atmen respirar
Attest certificado *m*
aufbewahren guardar
Aufenthalt estancia *f*
auffahren chocar
Auffahrunfall accidente *m* por alcance
aufführen representar
Aufführung representación *f*
Aufgabe tarea *f*
aufgeben echar al correo
aufhalten parar
aufhören terminar
auflösen deshacer
Aufnahme acogida *f*
Aufregung agitación *f*
Aufruf llamamiento *m*
aufrufen llamar
aufschreiben anotar
Aufschwung auge *m*
Aufsicht vigilancia *f*
auftauchen surgir
Auftritt escena *f*
Aufwand esfuerzo *m*
Aufzug ascensor *m*
Auge ojo *m*
Augenarzt oculista *m*
Augenblick momento *m*
August agosto *m*

ausbauen ampliar
Ausbildung formación *f*
Ausfahrt salida *f*
Ausflug excursión *f*
Ausfuhrzoll derecho *m* de exportación
ausfüllen rellenar
Ausgang salida *f*
Ausgangspunkt punto *m* de partida
ausgehen salir
Auskunft información *f*
Ausland extranjero *m*
ausleihen prestar
Ausreise salida *f*
ausschalten desconectar
aussetzen exponer
Aussicht panaroma *m*
aussprechen pronunciar
Ausstellung exposición *f*
aussteigen bajar
Austern ostras *f pl*
Ausweis carné *m* de identidad
auszahlen pagar
Auto coche *m*
Autobahn autopista *f*
Automobilklub club *m* automovilístico
Autoreisezug autotrén *m*
Autoschlüssel llaves *f pl* del coche

B

Baby bebé *m*
Bach arroyo *m*
Backbord babor *m*
Bäcker panadero *m*
Bäckerei panadería *f*
Bad baño *m*
Badeanzug traje *m* de baño
Badehose bañador *m*
Badekappe gorro *m* de baño
Bademantel albornoz *m*
Bademeister bañero *m*
baden bañarse
Badeschuhe zapatillas *f pl* de baño
Badezimmer cuarto *m* de baño
Bahn ferrocarril *m*
Bahnhof estación *f*
Bahnsteig andén *m*
Bakterien bacterias *f pl*
Balkon balcón *m*
Ball pelota *f*
Banane plátano *m*
Band cinta *f*
Bank banco *m*
Bankkonto cuenta *f* del banco
Bargeld dinero *m* en efectivo
Batterie batería *f*
Bau construcción *f*
Bauarbeiten obras *f pl*
Bauch vientre *m*

bauen construir
Bauer campesino *m*
Baum árbol *m*
Baumwolle algodón *m*
Baustelle obras *f pl*
beachten observar
Beamter funcionario *m*
Beanstandung reclamación *f*
beantragen pedir
beantworten responder
Bedarf necesidades *f pl*
bedauern sentir
Bedauern sentimiento *m*
bedienen servir
Bedienung camarero/a *m/f*
Bedingung condición *f*
Bedrohung amenaza *f*
beeindruckt impresionado
befassen ocuparse de
Befehl orden *f*
befinden encontrarse
begegnen encontrar
sich begeistern für entusiasmarse por
beginnen comenzar
begleiten acompañar
Begleiter acompañante *m*
Begleitung acompaña-miento *m*
behalten guardar
behandeln tratar
Behandlung tratamiento *m*

behaupten afirmar
beherrschen dominar
behindert minusválido
Behörde autoridad *f*
beibehalten mantener
Bein pierna *f*
Beispiel ejemplo *m*
beißen morder
Beitrag contribución *f*
beitragen contribuir
Bekannter conocido *m*
Bekanntgabe publicación *f*
beklagen lamentar
bekommen recibir
Belastung carga *f*
Beleg justificante *m*
belegen reservar
Belohnung recompensa *f*
Bemerkung observación *f*
benachrichtigen informar
benehmen comportarse
benutzen utilizar
Benzin gasolina *f*
Benzinkanister bidón *m* de gasolina
beobachten observar
beraten aconsejar
Berechnung cálculo *m*
Berg montaña *f*
Bergsteigen alpinismo *m*
Bericht informe *m*
berichten informar

Beruf profesión *f*
Beruhigungsmittel calmante *m*
berühren tocar
beschädigen dañar
Bescheid respuesta *f*
beschließen decidir
Beschreibung descripción *f*
sich beschweren quejarse
besichtigen visitar
Besichtigung visita *f*
Besitzer dueño *m*
Besteck cubiertos *m pl*
bestehen sostener
bestellen pedir
Bestellung pedido *m*
bestimmen decidir
bestreiten negar
Besuch visita *f*
besuchen visitar
Besucher visitante *m*
Besuchszeit horas *f pl* de visita
Betäubung anestesia *f*
betonen acentuar
Betrag importe *m*
betreiben practicar
Betrug estafa *f*
betrunken borracho
Bett cama *f*
Bettdecke manta *f*
Bettwäsche ropa *f* de cama
beurteilen juzgar
bewahren guardar

bewegen mover
Bewegung movimiento *m*
Beweis prueba *f*
beweisen demostrar
Bewohner habitante *m*
bezahlen pagar
Bezahlung pago *m*
beziehen ocupar
Beziehung relación *f*
Bezirk distrito *m*
Bibel biblia *f*
Bibliothek biblioteca *f*
Bier cerveza *f*
bieten ofrecer
Bild cuadro *m*
Bildung formación *f*
billig barato
Binde venda *f*
Bindfaden cordel *m*
Birne pera *f*
bitten pedir
Blatt hoja *f*
blau azul
Blaubeeren arándanos *m pl*
bleiben quedarse
Bleistift lápiz *m*
Blick vista *f*
blicken mirar
Blinddarm intestino *m*
Blinker intermitente *m*
Blitz rayo *m*
blitzen brillar

Blume flor *f*
Blumenkohl coliflor *f*
Blumenstrauß ramo *m* de flores
Bluse blusa *f*
Blut sangre *f*
Blutdruck tensión *f* arterial
Bohne judía *f*
Bonbons caramelos *m pl*
Boot barca *f*
Bootsfahrt paseo *m* en barca
Botschaft embajada *f*
Botschafter embajador *m*
Braten asado *m*
Brand incendio *m*
brauchen necesitar
Bremse freno *m*
bremsen frenar
Brief carta *f*
Briefkasten buzón *m*
Briefmarke sello *m*
Briefträger cartero *m*
Briefumschlag sobre *m*
Brille gafas *f pl*
Brillenetui funda *f*
bringen traer
Brombeeren zarzamoras *f pl*
Bronchitis bronquitis *f*
Brot pan *m*
Brötchen panecillo *m*
Bruder hermano *m*
Brunnen fuente *f*
Brust pecho *m*

Brustkorb tórax *m*
Buch libro *m*
buchen reservar
Büchsenöffner abrelatas *m*
Buchstabe letra *f*
buchstabieren deletrear
Buchung reserva *f*
bügeln planchar
Bühne escenario *m*
Bundesrepublik Deutschland República *f* Federal de Alemania
Bungalow bungalow *m*
Burg castillo *m*
Bürgersteig acera *f*
Büro oficina *f*
Bus autobús *m*
Bushaltestelle parada *f*
Büstenhalter sujetador *m*
Butter mantequilla *f*

C

Café café *m*
Camping camping *m*
Campingausweis carné *m* de camping
Campingplatz terreno *m* de camping
Campingwagen caravana *f*
Chance posibilidad *f*
Chaos caos *m*
Charakter carácter *m*

Charme encanto *m*
Chartermaschine avión *m* chárter
chartern fletar
Chef jefe *m*
Chefarzt médico *m* jefe
Chemie química *f*
Chicoree endibia *f*
Chirurg cirujano *m*
Christentum cristianismo *m*
Christus Cristo *m*
Club club *m*
Computer ordenador *m*
Cousin primo *m*
Cousine prima *f*

D

Dach techo *m*
Dame dama *f*
Damenbinde compresa *f*
Damentoilette servicio *m* de señoras
danken agradecer
Darm intestino *m*
darstellen representar
Darstellung representación *f*
Datei archivo *m*
Datteln dátiles *m pl*
Datum fecha *f*
Dauer duración *f*
dauern durar
Daumen pulgar *m*

dazugehören formar parte de
Debatte debate *m*
Decke manta *f*
Demokratie democracia *f*
Demonstration manife-
  stación *f*
Denkmal monumento *m*
Deodorant desodorante *m*
Desinfektionsmittel
  desinfectante *m*
Deutschland Alemania *f*
Dezember diciembre *m*
Dia diapositiva *f*
Diabetiker diabético *m*
Diagnose diagnóstico *m*
Diät dieta *f*
Diätkost comida *f* de dieta
Dichter poeta *m*
Differenz diferencia *f*
Ding cosa *f*
Diplomat diplomático *m*
direkt directo
Diskothek discoteca *f*
diskutieren discutir
Doktor doctor *m*
Dolmetscher intérprete *m*
Donner trueno *m*
Donnerstag jueves *m*
Doppelzimmer habitación *f*
  doble
Dorf pueblo *m*
Dose lata *f*

Draht alambre *m*
Drama drama *m*
drehen rodar
Dritte Welt tercer *m* mundo
Drogerie droguería *f*
drohen amenazar
Drohung amenaza *f*
drücken apretar
dunkel oscuro
dünn delgado
Durchfahrt paso *m*
Durchfall diarrea *f*
Durchgang paso *m*
dürfen permitir
Durst sed *f*
Dusche ducha *f*
Dutzend docena *f*

E

Ecke esquina *f*
Ehe matrimonio *m*
Ehefrau mujer *f*
Ehemann marido *m*
Ehepaar matrimonio *m*
Ei huevo *m*
eifersüchtig celoso
Eigenschaft cualidad *f*
Eilbrief carta *f* urgente
Eimer cubo *m*
Einbahnstraße calle *f* de
  dirección única
Einbrecher ladrón *m*

einfach simple
Einfahrt entrada f
Eingang entrada f
Einheit unidad f
einkaufen comprar
Einkaufszentrum centro m comercial
einladen invitar
Einladung invitación f
Einnahme toma f
einpacken empaquetar
Einreise entrada f
Einreisevisum visado m
Einrichtung institución f
Einsamkeit soledad f
einschalten conectar
einschlafen dormirse
einsparen ahorrar
einsteigen subir
Eintrag inscripción f
eintreten entrar
Eintritt entrada f
Einzelhandel comercio m al por menor
Einzelzimmer habitación f individual
Eis helado m
Eisbecher copa f de helado
Eisdiele heladería f
Eisenbahn ferrocarril m
Elektriker electricista m
Elektronik electrónica f

Ellbogen codo m
Eltern padres m pl
Emotion emoción f
Empfang recepción f
Empfänger destinatario m
empfehlen recomendar
Ende fin m
enden finalizar
Endstation terminal f
Energie energía f
Enkel nieto m
Enkelin nieta f
Entdeckung descubrimiento m
Ente pato m
entfernen quitar
Entfernung distancia f
entlassen despedir
entscheiden decidir
Entscheidung decisión f
entschuldigen disculparse
Entschuldigung disculpa f
Entsetzen horror m
Entspannung relajación f
entsprechen corresponder a
entstehen nacer
Entwicklung desarrollo m
entziehen retirar
Entzündung inflamación f
erarbeiten elaborar
Erdbeben terremoto m
Erdbeere fresa f
Erde Tierra f

Erdgeschoss planta *f* baja
Erdnuss cacahuete *m*
erfahren saber
Erfahrung experiencia *f*
Erfindung descubrimiento *m*
Erfolg éxito *m*
ergeben dar por resultado
Ergebnis resultado *m*
ergriffen conmovido
erinnern recordar
erkennen reconocer
Erkrankung enfermedad *f*
erleben vivir
Ermäßigung rebaja *f*
erreichen conseguir
Ersatzteil repuesto *m*
erscheinen aparecer
erstellen crear
erste Hilfe primeros auxilios *m pl*
Erwachsener adulto *m*
erwähnen mencionar
erwarten esperar
Erwartung espera *f*
erweitern extender
Erweiterung extensión *f*
Erwerb adquisición *f*
erwerben adquirir
erzeugen producir
erzielen obtener
essen comer
Essen comida *f*
Essig vinagre *m*

Etage piso *m*
Euro euro *m*
Europa Europa *f*
Existenz existencia *f*
Experiment experimento *m*
Experte experto *f*
Explosion explosión *f*

F

Fabrik fábrica *f*
Fach casilla *f*
Facharzt especialista *m*
Fachleute profesionales *m pl*
Fahrbahn calzada *f*
Fähre ferry *m*
fahren conducir
Fahrer conductor *m*
Fahrkarte billete *m*
Fahrplan horario *m*
Fahrrad bicicleta *f*
Fahrstuhl ascensor *m*
Fahrt viaje *m*
Fahrzeug vehículo *m*
Fall caída *f*
Falle trampa *f*
fallen caer
Familie familia *f*
Familienname apellido *m*
Familienstand estado civil *m*
fangen coger
Farbe color *m*
Fassung versión *f*

Februar febrero *m*
fehlen hacer falta
Fehler error *m*
Feier fiesta *f*
feiern celebrar
Feiertag día festivo *m*
Feige higo *m*
Feld campo *m*
Fels roca *f*
Fenster ventana *f*
Ferien vacaciones *f pl*
Ferne lejanía *f*
Ferngespräch conferencia *f*
Fernseher televisión *f*
Ferse talón *m*
Fest fiesta *f*
Festival festival *m*
feststellen comprobar
Feststellung comprobación *f*
Fett grasa *f*
Feuer fuego *m*
Feuerlöscher extintor *m*
Feuerwehr bomberos *m pl*
Feuerzeug encendedor *m*
Fieber fiebre *f*
Figur figura *f*
Film película *f*
Finanzen finanzas *f pl*
finden encontrar
Finger dedo *m*
Firma empresa *f*
Fisch pez/pescado *m*

Flagge bandera *f*
Flasche botella *f*
Flaschenöffner abridor *m*
Fleck mancha *f*
Fleisch carne *f*
fliegen volar
Fliege mosca *f*
Flug vuelo *m*
Fluggesellschaft compañía *f* aérea
Flughafen aeropuerto *m*
Flugplan horario *m* de vuelos
Flugzeug avión *m*
Fluss río *m*
Flut marea *f*
Folge serie/consecuencia *f*
folgen seguir
Föhn secador *m*
fordern pedir
Form forma *f*
Forschung investigación *f*
Fortsetzung continuación *f*
Foto foto *f*
Fotoapparat máquina *f* fotográfica
fotografieren fotografiar
Frage pregunta *f*
fragen preguntar
frankieren franquear
Frau mujer *f*
Frauenarzt ginecólogo *m*
frei libre

Freibad piscina al aire libre *f*
Freiheit libertad *f*
freimachen franquear
Freizeit tiempo *m* libre
Fremdenführer guía *m*
freuen alegrarse
Freund amigo *m*
Freundin amiga *f*
Freundschaft amistad *f*
Frieden paz *f*
Friedhof cementerio *m*
frieren tener frío
Friseur peluquero *m*
Frisur peinado *m*
Frost helada *f*
Fruchtsaft zumo *m*
Frühling primavera *f*
Frühstück desayuno *m*
frühstücken desayunar
fühlen sentir
führen guiar
Führerschein permiso *m* de
  conducir
Fundbüro oficina *f* de objetos
  perdidos
Funk radio *f*
funktionieren funcionar
Fuß pie *m*
Fußball fútbol *m*
Fußgänger peatón *m*
Fußgängerübergang paso *m*
  de peatones

G

Gabel tenedor *m*
Gang pasillo *m*
Gans ganso *m*
Garage garaje *m*
Garantie garantía *f*
garantieren garantizar
Garderobe guardarropa *m*
Garnele gamba *f*
Garten jardín *m*
Gas gas *m*
Gast invitado *m*
Gastgeber anfitrión *m*
Gebäude edificio *m*
geben dar
Gebiet región *f*
Gebirge sierra *f*
Gebot orden *f*
Gebrauch uso *m*
Gebühr tasa *f*
Geburtsort lugar *m* de
  nacimiento
Geburtstag cumpleaños *m*
Gedanke pensamiento *m*
Gedicht poesía *f*
Geduld paciencia *f*
Gefahr peligro *m*
Geflügel aves *f pl*
Gegend región *f*
Gegensatz contraste *m*
Gegenteil contrario *m*
Gegenwart presente *m*

Gegner rival *m*

Geheimnis secreto *m*

gehen ir

Gehirnerschütterung conmoción *f* cerebral

gehören pertenecer

Geist espíritu *m*

gelb amarillo

Geld dinero *m*

Geldschein billete *m*

Geldwechsel cambio *m*

Gelegenheit ocasión *f*

Gelenk articulación *f*

Geliebte/r amante *f/m*

gelten valer

Gemeinde municipio *m*

Gemeinschaft comunidad *f*

Gemüse verdura *f*

Genehmigung autorización *f*

genießen disfrutar

genügen bastar

Gepäck equipaje *m*

Gepäckaufbewahrung consigna *f*

Gepäckträger mozo *m*

gesalzen salado

Geschäft negocio *m*

Geschäftsreise viaje *m* de negocios

geschehen pasar

Geschenk regalo *m*

Geschichte historia *f*

Geschlecht sexo *m*

geschlossen cerrado

Geschwindigkeit velocidad *f*

Gesetz ley *f*

Gesicht cara *f*

Gespräch conversación *f*

Gestalt forma *f*

gestalten formar

Geste detalle *m*

Gesundheit salud *f*

Getränk bebida *f*

Getreide cereales *m pl*

Gewalt poder *m*

Gewicht peso *m*

Gewinn ganancia *f*

Gewissen conciencia *f*

Gewitter tormenta *f*

Gewürz especia *f*

gießen echar

Gift veneno *m*

Glas cristal *m*

Glaube creencia *f*

glauben creer

Gleis vía *f*

Globus globo *m*

Glück suerte *f*

Glückwunsch felicitación *f*

Glühbirne bombilla *f*

Golf golf *m*

Gott Dios

Gottesdienst misa *f*

Gramm gramo *m*

Grapefruit pomelo *m*
gratulieren felicitar
greifen coger
Grenze frontera *f*
groß grande
Größe tamaño *m*
Großmutter abuela *f*
Großvater abuelo *m*
grün verde
Grund motivo *m*
Gruppe grupo *m*
Gruß saludo *m*
grüßen saludar
Gurke pepino *m*
Gürtel cinturón *m*
Gymnasium instituto *m*

H

Haarbürste cepillo *m* para el pelo
Haare pelo *m*
Haarfarbe color *m* de pelo
Haarfestiger fijador *m*
Haarklammer pinza *f* para el pelo
Haarshampoo champú *m*
Haartrockner secador *m*
haben tener
Hafen puerto *m*
Hafenstadt ciudad *f* portuaria
Hagel granizo *m*
Hahn gallo *m*

Halbpension media pensión *f*
Hälfte mitad *f*
Hallenbad piscina *f* cubierta
halten retener
Haltestelle parada *f*
Halteverbot prohibición *f* de parar
Hammer martillo *m*
Hand mano *f*
Handbremse freno *m* de mano
Handel comercio *m*
handeln negociar
Handgepäck equipaje *m* de mano
Handlung acción *f*
Handschuh guante *m*
Handtasche bolso *m* de mano
Handtuch toalla *f*
Handy móvil *m*
Hängematte hamaca *f*
hart duro
Haselnuss avellana *f*
Haufen montón *m*
Hauptbahnhof estación *f*
Hauptsache principal *m*
Hauptstadt capital *f*
Hauptstraße calle *f* principal
Haus casa *f*
Hausfrau ama *f* de casa
Hausnummer número *m* de casa
Hausschlüssel llaves *f pl*

Haustür puerta *f*
Hebamme matrona *f*
Heilquelle fuente *f* de salud
Heim hogar *m*
Heimat patria *f*
Heimatstadt ciudad *f* natal
heiraten casarse
heißen llamarse
Heizung calefacción *f*
Held héroe *m*
helfen ayudar
Helfer ayudante *m*
hell claro
Herausforderung reto *m*
Herbst otoño *m*
Herd cocina *f*
Herr señor *m*
Herrentoilette servicio *m* de caballeros
Hersteller productor *m*
Herstellung producción *f*
Herz corazón *m*
Hilfe ayuda *f*
Himbeere frambuesa *f*
Himmel cielo *m*
hinter detrás de
Hintergrund fondo *m*
hinterlassen dejan
hinterlegen depositar
Hinweis indicación *f*
Hitze calor *m*
Hobby hobby *m*

hoch alto
Hochzeit boda *f*
Hof patio *m*
hoffen esperar
hoffentlich ojalá
Höhe altura *f*
Höhle cueva *f*
holen ir a buscar
Holz madera *f*
Honig miel *f*
hören escuchar
Hose pantalón *m*
Hotel hotel *m*
Hotelhalle hall *m*
Hubschrauber helicóptero *m*
Hummer bogavante *m*
Humor humor *m*
Hund perro *m*
Hunger hambre *m*
Hupe bocina *f*
Hut sombrero *m*

I

Idee idea *f*
identifizieren identificar
Illusion ilusión *f*
Illustrierte revista *f*
Immobilien bienes *m pl* inmobiliares
impfen vacunar
Impfpass carné *m* de vacunación
Impfung vacuna *f*

Import importación *f*
Information información *f*
Informationsschalter
   ventanilla *f* de información
informieren informar
Inhaber titular *m*
Inhalt contenido *m*
Injektion inyección *f*
Inland territorio *m* nacional
Innenkabine cabina *f* interior
Innenstadt centro *m* urbano
Insekten insectos *m* pl
Insektenmittel insecticida *m*
Insel isla *f*
Institut instituto *m*
Intelligenz inteligencia *f*
Interesse interés *m*
interessieren interesarse por
international internacional
Internist internista *m*
Interview entrevista *f*
Irrtum equivocación *f*

J

Jacht yate *m*
Jacke chaqueta *f*
Jackett chaqueta *f*
Jagd caza *f*
Jagdschein licencia *f* de caza
Jahre años *m* pl
Jahresbeginn comienzo *m*
   del año

Jahresende final *m* de año
Jahrestag día *m* del año
Jahreszeit estación *f*
Jahrgang año *m*
Jahrhundert siglo *m*
Jahrtausend milenio *m*
Jahrzehnt década *f*
Januar enero *m*
Johannisbeeren grosellas *f* pl
Journalist periodista *m/f*
Jugend juventud *f*
Jugendherberge
   albergue *m*
Juli julio *m*
Junge joven *m*
Juni junio *m*
Juwelier joyero *m*

K

Kabine cabina *f*
Kaffee café *m*
Kaffeekanne cafetera *f*
Kakao cacao *m*
Kalbfleisch ternera *f*
Kalender calendario *m*
kalt frío
Kamin chimenea *f*
Kampf lucha *f*
Kanal canal *m*
Kanne jarra *f*
Kappelle capilla *f*
kaputt roto

Karotte zanahoria *f*
Karriere carrera *f*
Karte tarjeta *f*
Kartoffel patata *f*
Karton cartón *m*
Käse queso *m*
Kasse caja *f*
Katalog catálogo *m*
kaufen comprar
Keks galleta *f*
Keller sótano *m*
Kellner/in camarero *m*/-a *f*
kennen conocer
Kenntnisse conocimiento *m*
Kerze vela *f*
Kette cadena *f*
Kilo kilo *m*
Kilometer kilómetro *m*
Kind niño *m*
Kinderarzt pediatra *m*
Kinderbett cuna *f*
Kindergärtnerin educadora *f*
Kinn barbilla *f*
Kino cine *m*
Kirche iglesia *f*
Kirsche cerezas *f pl*
Klasse clase *f*
Kleid vestido *m*
Kleiderbügel percha *f*
Kleingeld dinero *m* suelto
klein pequeño
Klima clima *m*

Klimaanlage aire *m* acondicionado
Klinik clínica *f*
klopfen llamar
Kneipe local *m*
Knie rodilla *f*
Knoblauch ajo *m*
Knochen hueso *m*
Knopf botón *m*
Koch cocinero *m*
kochen cocinar
koffeinfrei descafeinado
Koffer maleta *f*
Kofferraum maletero *m*
Kokosnuss coco *m*
kommen venir
Kompass compás *m*
können poder
Kondom condón *m*
Kontaktlinsen lentillas *f pl*
Konzert concierto *m*
Kopf cabeza *f*
Kopfkissen almohada *f*
Kopfschmerzen dolor *m* de cabeza
Kopfsalat lechuga *f*
Kopie copia *f*
Korkenzieher sacacorchos *m*
Körper cuerpo *m*
Kosten gastos *m pl*
Krach ruido *m*
Kraft fuerza *f*

Krankenhaus hospital *m*
Krankenschwester
  enfermera *f*
Krankenwagen ambulancia *f*
Krankheit enfermedad *f*
Kräuter hierbas *f pl*
Krawatte corbata *f*
Kreditkarte tarjeta *f* de
  crédito
Kreis círculo *m*
Kreislauf circulación *f*
Kreisverkehr rotonda *f*
Kreuzfahrt crucero *m*
Kreuzung cruce *m*
Küche cocina *f*
Kuchen pastel *m*
Kugelschreiber bolígrafo *m*
Kühlschrank nevera *f*
Kur cura *f*
Kurs curso *m*
kurz corto
Kuss beso *m*
küssen besar
Küste costa *f*

L

Lächeln sonrisa *f*
lachen reír
laden cargar
Laden tienda *f*
Lamm cordero *m*
Land país *m*

Landkarte mapa *m*
Landschaft paisaje *m*
lang largo
langsam lento
lassen dejar
laufen correr
laut alto
leben vivir
Leben vida *f*
Lebensmittel comida *f*
Leder piel *f*
legen poner
Lehrer profesor *m*
Leid sentimiento *m*
leihen prestar
Leihgebühr alquiler *m*
Leine cuerda *f*
leise bajo
Lenkrad volante *m*
Leute gente *f*
Licht luz *f*
Lichtschalter interruptor *m*
Liebe amor *m*
Lied canción *f*
liegen estar echado
Liegestuhl tumbona *f*
lila de color lila
links a la izquierda
Lippe labio *m*
Liter litro *m*
Locken rizos *m pl*
Löffel cuchara *f*

Lokomotive locomotora *f*
Luft aire *m*
Luftkrankheit mareo *m*
Luftmatratze colchón *m* hinchable
Luftpost correo *m* aéreo
lügen mentir
Lunge pulmón *m*
Lust ganas *f pl*

M

machen hacer
Mädchen chica *f*
Magen estómago *m*
Mai mayo *m*
Mais maíz *m*
Maler pintor *m*
Mandarine mandarina *f*
Mann hombre *m*
Mantel abrigo *m*
Margarine margarina *f*
Markt mercado *m*
Marmelade mermelada *f*
März marzo *m*
Material material *m*
Medikament medicamento *m*
Meer mar *m*
Meile milla *f*
meinen opinar
Meinung opinión *f*
sich melden presentarse
Melone melón *m*

Mensch persona *f*
Menstruation menstruación *f*
merken notar
messen medir
Messer cuchillo *m*
Meter metro *m*
Metzger carnicero *m*
Miete alquiler *m*
mieten alquilar
Milch leche *f*
Minute minuto *m*
mischen mezclar
missverstehen no entenderse
mit con
Mitglied socio *m*
mitmachen participar
Mittagessen comida *f*
Mitte medio *m*
Mittwoch miércoles *m*
Möbel mueble *m*
mögen gustar
Möglichkeit posibilidad *f*
Moment momento *m*
Monat mes *m*
Mond luna *f*
Morgen mañana *f*
Motor motor *m*
Motorboot lancha *f* motora
Motorrad moto *f*
Motorschaden avería *f* del motor
Mücke mosquito *m*

Mühe esfuerzo *m*
Müll basura *f*
Mülleimer cubo *m* de basura
Mülltonne contenedor *m* de basura
Mund boca *f*
Münze moneda *f*
Museum museo *m*
Musical musical *m*
Musik música *f*
Musiker músico *m*
müssen tener que
Mut valor *m*
Mutter madre *f*
Muttersprache lengua *f* materna

N

Nachbar vecino *m*
Nachbarschaft vecindad *f*
nachholen recuperar
Nachmittag mediodía *m*
Nachname apellido *m*
Nachricht noticia *f*
nachschlagen consultar
nachsehen examinar
nachsenden reexpedir
Nacht noche *f*
Nachtclub club *m* nocturno
Nachtdienst servicio *m* nocturno
Nachteil desventaja *f*
Nadel aguja *f*

Nagel uña *f*
nah cercano
Nähe proximidad *f*
Nahrungsmittel alimento *m*
Nahverkehr tráfico *m* a corta distancia
Name nombre *m*
Nase nariz *f*
Nation nación *f*
Nationalität nacionalidad *f*
Nationalpark parque *m* nacional
Natur naturaleza *f*
Naturschutz protección *f* de la naturaleza
Naturschutzgebiet reserva *f* natural
Nebel niebla *f*
Nebenkosten gastos *m pl*
Nebenwirkung efecto *m* secundario
Neffe sobrino *m*
Neigung tendencia *f*
nennen llamar
Nerv nervio *m*
Netz red *f*
neu nuevo
Neugier curiosidad *f*
Nichte sobrina *f*
Nichtraucher no fumador
Nichtraucherabteil zona *f* de no fumadores

Niere riñón *m*
Niveau nivel *m*
Norden norte *m*
Not emergencia *f*
Notausgang salida *f* de emergencia
Notbremse freno *m* de emergencia
Notfall urgencia *f*
notieren anotar
Notwehr legítima *f* defensa
November noviembre
Nudel pastas *f pl*
Nummer número *m*
Nummernschild matrícula *f*
Nuss nuez *f*
nützen servir

O

Oberfläche superficie *f*
Obst fruta *f*
Obstgeschäft frutería *f*
Obstsaft zumo *m*
offen abierto
Öffnungszeiten horarios *m pl* de apertura
ohne sin
Ohr oreja *f*
Ohrring pendiente *m*
Oktober octubre *m*
Öl aceite *m*
Olive aceituna *f*

Olivenöl aceite *m* de oliva
Omnibus autobús *m*
Onkel tío *m*
Oper ópera *f*
Operation operación *f*
operieren operar
Opfer víctima *f*
Optiker óptico *m*
Orange naranja *f*
Orchester orquesta *f*
ordnen ordenar
Ordnung orden *m*
Organ órgano *m*
Organisation organización *f*
organisieren organizar
orientieren orientarse
Orientierung orientación *f*
Original original *m*
Ort lugar *m*
Ortsgespräch conferencia *f* urbana
Osten Este *m*
Ostern Pascua *f*

P

Paar pareja *f*
packen empaquetar
Packung caja *f*
Paket paquete *m*
Panik pánico *m*
Panne avería *f*
Papier papel *m*

Papiere documentación f
Papiertaschentuch pañuelo m de papel
Paprika pimiento m
Parfümerie perfumería f
Park parque m
parken aparcar
Parkgebühr tarifa f de parking
Parkhaus parking m
Parkplatz aparcamiento m
Parkschein ticket m de aparcamiento
Parkverbot prohibición f de estacionamiento
Partner socio m
Party fiesta f
Pass pasaporte m
Passagier pasajero m
Passagierschiff buque m de pasajeros
Passanten transeúntes m pl
passen pasar, (Kleidung) sentar, ir, caer
Passkontrolle control m de pasaporte
Pastor pastor m
Patient paciente m
Pauschalpreis precio m global
Pause pausa f
Pech mala suerte f
Pension pensión f

Person persona f
Personal personal m
Personalien datos m pl personales
Petersilie perejil m
Pfarrer párroco m
Pfeffer pimienta f
Pfeife pipa f
Pferd caballo m
Pfingsten Pentecostés m
Pfirsich melocotón m
Pflanze planta f
Pflaster tirita f
Pflaume ciruela f
Pflege cuidado m
pflegen cuidar
Pflicht deber m
Pförtner portero m
Pfund medio kilo m
Physik física f
Pianist pianista m/f
Picknick picnic m
Pille píldora f
Pilot piloto m/f
Pilze setas f pl
Pinsel pincel m
Pkw coche m
Plakat cartel m
Plakette placa f
Plan plan m
Planet planeta m
Plastik plástico m

Plastikbeutel bolsa *f* de plástico
Platte placa *f*
Plattform plataforma *f*
Platz lugar *m*
Platzkarte reserva *f* de asiento
Politiker político *m*
Polizei policía *f*
Polizeirevier comisaría *f*
Polizeiwagen coche *m* de policía
Polizist policía *m*
Pommes frites patatas *f pl* fritas
Portemonnaie monedero *m*
Portier portero *m*
Portion porción *f*
Porto franqueo *m*
Position posición *f*
Post correos *m pl*
Postamt oficina *f* de correos
Postkarte tarjeta *f* postal
Praxis consultorio *m*
Preis precio *m*
Preiserhöhung aumento *m* de precios
Preisermäßigung reducción *f* de precios
Presse prensa *f*
Prinzip principio *m*
privat privado
Privatstrand playa *f* privada

Privatzimmer habitación *f* privada
Probe prueba *f*
Problem problema *m*
Produkt producto *m*
Professor profesor *m*
Prognose pronóstico *m*
Programm programa *m*
Projekt proyecto *m*
Prospekt prospecto *m*
Prothese prótesis *f*
Protest protesta *f*
Protokoll acta *m*
Provision comisión *f*
Prozent por ciento *m*
prüfen examinar
Publikum público *m*
Pullover jersey *m*
Punkt punto *m*
Pünktlichkeit puntualidad *f*
Pute pavo *m*
putzen limpiar
Putzmittel limpiador *m*

Q

Quadrat cuadrado *m*
Qualität calidad *f*
Qualle medusa *f*
Qualm humareda *f*
Quarantäne cuarentena *f*
Quartal trimestre *m*
Quartier alojamiento *m*

Quelle fuente *f*
quietschen chillar
Quittung recibo *m*

R
Rad rueda *f*
Radfahrer ciclista *m*
Radio radio *f*
Rahmen marco *m*
Rang rango *m*
Rasen césped *m*
Rasierapparat afeitadora *f*
rasieren afeitar
Rasierklinge hoja *f* de afeitar
Rasierkreme crema *f* de afeitar
Rasierpinsel brocha *f* de afeitar
Rat consejo *m*
raten aconsejar
Rathaus ayuntamiento *m*
Rätsel adivinanza *f*
Ratte rata *f*
Rauch humo *m*
rauchen fumar
Raucher fumador *m*
Raum habitación *f*
reagieren reaccionar
Reaktion reacción *f*
realisieren realizar
rechnen calcular
Rechnung cuenta *f*
Recht derecho *m*
Rechte derechos *m pl*

rechtfertigen justificar
rechtlich legal
rechts a la derecha
Rechtsanwalt abogado *m*
rechtzeitig a tiempo
Rede discurso *m*
reden hablar
reduzieren reducir
Regel regla *f*
Regen lluvia *f*
Regenmantel impermeable *m*
Regenschirm paraguas *m*
regnen llover
regieren gobernar
Regierung gobierno *m*
Region región *f*
reich rico
Reichtum riqueza *f*
Reichweite alcance *m*
Reifen neumático *m*
Reihe fila *f*
Reihenfolge orden *m*
reinigen limpiar
Reinigung limpieza *f*
Reis arroz *m*
Reise viaje *m*
Reisebüro agencia *f* de viajes
Reisebus autobús *m* de viajes
Reiseführer guía *m*
Reiseleiter guía *m* turístico
Reisepass pasaporte *m*
Reißverschluss cremallera *f*

reiten montar a caballo
Reiter jinete *m*
Reiz excitación *f*
Religion religión *f*
Rentner pensionista *m*
reparieren reparar
Reparaturwerkstatt taller *m* de reparaciones
reservieren reservar
Reservierung reserva *f*
Respekt respeto *m*
Restaurant restaurante *m*
Resultat resultado *m*
retten salvar
Rettung rescate *m*
Rezept receta *f*
Rezeption recepción *f*
riechen oler
Rindfleisch carne *f* de vaca
Ring anillo *m*
Risiko riesgo *m*
Rock falda *f*
Roman novela *f*
rot rojo
rücken mover
Rückfahrkarte billete *m* de ida y vuelta
Rückseite parte *f* posterior
Ruf llamada *f*
rufen llamar
Rufnummer número *m* de teléfono

Ruhe tranquilidad *f*
ruhen descansar
Rundfahrt vuelta *f*
rutschen resbalar

S

Saal sala *f*
Sache cosa *f*
Saft zumo *m*
sagen decir
Saison temporada *f*
Saisonzuschlag recargo *m* de temporada
Salat ensalada *f*
Salz sal *f*
Sand arena *f*
Sandstrand playa *f* de arena
Sarg ataúd *m*
sauber limpio
Sauna sauna *f*
schaden dañar
Schaf oveja *f*
schälen pelar
Schalter taquilla *f*
Scheck cheque *m*
Scheibe rodaja *f*
Schein billete *m*
Schere tijeras *f pl*
schießen disparar
schicken enviar
schlafen dormir
Schlafsack saco *m* de dormir

schlagen pegar
Schlange serpiente *f*
Schlauchboot bote *m* neumático
schließen cerrar
Schließfach consigna *f* automática
Schlitten trineo *m*
schlucken tragar
Schlüssel llaves *f pl*
schmecken saber
Schmerz dolor *m*
Schmuck joyas *f pl*
schmutzig sucio
Schnee nieve *f*
schneiden cortar
schneien nevar
schnell rápido
Schnupfen constipado *m*
Schokolade chocolate *m*
Schrank armario *m*
Schraubenzieher destornillador *m*
schreien gritar
Schritt paso *m*
Schuh zapato *m*
Schuhmacher zapatero *m*
Schuld culpa *f*
Schule escuela *f*
Schulter hombro *m*
Schüssel fuente *f*
Schutz protección *f*

schwanger embarazada
schwarz negro
Schweinefleisch carne *f* de cerdo
Schweiz Suiza *f*
Schweizer Franken francos *m pl* suizos
Schwester hermana *f*
schwimmen nadar
Schwimmweste salvavidas *m*
See lago *m*
Seekrankheit mal *m* de mar
Segelboot velero *m*
segeln navegar
Segelschule escuela *f* de navegación
sehen ver
Sehenswürdigkeit monumento *m*
Seife jabón *m*
Sekt cava *m*
Senf mostaza *f*
September septiembre *m*
Sex sexo *m*
Shorts pantalones *m pl* cortos
Sicherheitsgurt cinturón *m* de seguridad
Sicherung protección *f*
siegen vencer
Ski esquí *m*
Sohn hijo *m*

Sommer verano *m*
Sonnabend sábado *m*
Sonne sol *m*
Sonnenbrand quemadura *f*
Sonnenbrille gafas *f pl* de sol
Sonnenöl aceite *m* solar
Sonnenschirm sombrilla *f*
Sonnenuntergang puesta *f* de sol
Sonntag domingo *m*
Soße salsa *f*
Spargel espárrago *m*
spazieren gehen pasear
Speisekarte menú *m*
Spiegel espejo *m*
Spielzeug juguete *m*
Spinat espinaca *f*
Sport deporte *m*
Sprache idioma *m*
sprechen hablar
Sprechstunde hora *f* de consulta
spüren sentir
Staatsangehörigkeit nacionalidad *f*
Stadt ciudad *f*
Stadtplan plano *m* de la ciudad
Stadtzentrum centro *m* de la ciudad
Start comienzo *m*
starten empezar

stattfinden tener lugar
Stau atasco *m*
Steckdose enchufe *m*
stehen estar de pie
stehlen robar
Stein piedra *f*
Stern estrella *f*
Straße calle *f*
Straßenkarte mapa *m* de carreteras
Stuhl silla *f*
Sturm tormenta *f*
Suche búsqueda *f*
suchen buscar
Süden sur *m*
Supermarkt supermercado *m*
Suppe sopa *f*
Süßigkeit golosina *f*

T

Tabak tabaco *m*
Tag día *m*
Tal valle *m*
Tampon tampón *m*
Tankstelle gasolinera *f*
Tante tía *f*
Tanz baile *m*
Tasche bolso *m*
Taschenlampe linterna *f*
Taschenmesser navaja *f*
Taschentuch pañuelo *m*
Tasse taza *f*

tauchen bucear
Taucherausrüstung equipo *m* de buceo
Tee té *m*
Teil parte *f*
Telefon teléfono *m*
Telefonbuch guía *f* telefónica
telefonieren llamar por teléfono
Teller plato *m*
Temperatur temperatura *f*
Tennis tenis *m*
Teppich alfombra *f*
Termin cita *f*
teuer caro
Theater teatro *m*
Thermometer termómetro *m*
Tier animal *m*
Tisch mesa *f*
Toast tostada *f*
Tochter hija *f*
Toilette baño *m*
Toilettenpapier papel *m* higiénico
Tor gol *m*
töten matar
Tourist turista *m/f*
Touristeninformation información *f* turística
tragen llevar
träumen soñar
Treppe escalera *f*

Tretboot patín *m* acuático
treten pisar
Trinkgeld propina *f*
Trinkwasser agua *f* potable
trocknen secar
tropfen gotear
tun hacer
Tunnel túnel *m*
Tür puerta *f*
Turnschuhe zapatillas *f pl* de deporte

U

U-Bahn metro *m*
Übelkeit náuseas *f pl*
Überfall atraco *m*
übergeben entregar
Übergepäck exceso *m* de equipaje
Übernachtung alojamiento *m*
übernehmen tomar
Überraschung sorpresa *f*
übersetzen traducir
Übersetzung traducción *f*
übertreiben exagerar
Überweisung transferencia *f*
überzeugen convencer
Übung ejercicio *m*
Ufer orilla *f*
Uhr hora *f*
Unfall accidente *m*
Universität universidad *f*

Unterhaltung conversación f
Unterkunft alojamiento m
Untersuchung investigación f
Urlaub vacaciones f pl

V

Vase jarrón m
Vater padre m
verabreden citarse
verabschieden despedir
sich verabschieden
  despedirse
Verbandszeug vendajes m pl
verbinden conectar
Verbrechen crimen m
verbrennen quemar
verfolgen perseguir
vergessen olvidar
Verkehr tráfico m
verletzen lesionar
verlieben enamorarse
verlieren perder
Verlobte/r prometido/a m/f
Verlust pérdida f
vermieten alquilar
vermissen echar de menos
Verpflegung comida f
verschlafen quedarse dormido
versichern asegurar
Versicherung seguro m
Verspätung haben llevar
  retraso

verzeihen perdonar
Verzeihung perdón m
verzollen pagar aduana
Visum visado m
Vollpension pensión f
  completa
Vorfahrt prioridad f
Vorname nombre m
Vorsicht cuidado m
Vorwahl prefijo m

W

Waage balanza f
Wache comisaría f
wachsen crecer
Wahl elección f
wählen elegir
Wahrheit verdad f
Walnuss nuez f
Wand pared f
warm caliente
Warnung aviso m
warten esperar
Wartesaal sala f de espera
Waschbecken lavabo m
Wäsche ropa f
Wasser agua f
WC servicio m
wechseln cambiar
wecken despertar
Wecker despertador m
Weg camino m

Wegweiser indicador *m* de camino
weh tun hacer daño
weich blando
Weihnachten Navidad *f*
Wein vino *m*
weinen llorar
weiß blanco
weit lejano
Wind viento *m*
Wirbelsäule columna *f* vertebral
Wissen saber *m*
Witz chiste *m*
Woche semana *f*
Wochenende fin *m* de semana
sich wohl fühlen sentirse bien
wohnen vivir
Wolle lana *f*
wollen querer
Wort palabra *f*
Wörterbuch diccionario *m*
Wunde herida *f*
Wunsch deseo *m*
wünschen desear

Z

Zahl cifra *f*
zahlen pagar
Zahn diente *m*
Zahnbürste cepillo *m* de dientes

Zahnpasta pasta *f* dental
Zahnprothese prótesis *f* dental
Zahnschmerzen dolor *m* de muelas
Zange tenazas *f pl*
Zebrastreifen paso *m* de cebra
Zehen dedos *m pl* del pie
Zeichen señal *f*
zeigen mostrar
Zeit tiempo *m*
Zeitschrift revista *f*
Zeitung periódico *m*
Zentimeter centímetro *m*
Zeuge testigo *m*
ziehen sacar
Ziffer cifra *f*
Zigarette cigarrillo *m*
Zimmer habitación *f*
Zitrone limón *m*
Zoll aduana *f*
Zollkontrolle control *m* de aduana
Zoo zoo *m*
Zucker azúcar *m*
Zug tren *m*
Zukunft futuro *m*
Zündkerze bujía *f*
Zunge lengua *f*
Zuschauer espectador *m*
Zwiebel cebolla *f*
Zwischenstecker enchufe *m* intermedio

A

a la derecha rechts
a la izquierda links
a tiempo rechtzeitig
abierto offen
abogado *m* Anwalt
abrelatas *m* Büchsenöffner
abridor *m* Flaschenöffner
abrigo *m* Mantel
abuela *f* Großmutter
abuelo *m* Großvater
academia *f* Akademie
accidente *m* Unfall
accidente *m* **por alcance**
  Auffahrunfall
aceite *m* Öl
aceite *m* **de oliva** Olivenöl
aceite *m* **solar** Sonnenöl
aceituna *f* Olive
acento *m* Akzent
acentuar betonen
aceptar akzeptieren,
  annehmen
acera *f* Bürgersteig
acompañamiento *m*
  Begleitung
acompañante *m* Begleiter
acompañar begleiten
aconsejar raten, beraten
acta *m* Protokoll
activar aktivieren
acto *m* Akt

acuerdo *m* Absprache
adaptador *m* Adapter
adivinanza *f* Rätsel
adquisición *f* Erwerb
aduana *f* Zoll
adulto *m* Erwachsener
aeropuerto *m* Flughafen
afeitadora *f* Rasierapparat
afeitar rasieren
agencia *f* **de viajes** Reisebüro
agencia *f* Agentur
agitación *f* Aufregung
agosto *m* August
agradecer danken
agresor *m* Angreifer
agua *f* Wasser
agua *f* **potable** Trinkwasser
aguja *f* Nadel
ahorrar einsparen
aire *m* **acondicionado** Klimaanlage
aire *m* Luft
ajo *m* Knoblauch
ajustar anpassen
alambre *m* Draht
alarma *f* Alarm
albaricoque *m* Aprikose
albergue *m* Jugendherberge
albornoz *m* Bademantel
alcance *m* Reichweite
alcohol *m* Alkohol
alegrarse freuen

Alemania *f* Deutschland
alergia *f* Allergie
algodón *m* Baumwolle
almohada *f* Kopfkissen
alojamiento *m* Quartier,
　Übernachtung, Unterkunft
alpinismo bergsteigen
alquilar vermieten, mieten
alto laut; hoch
altura *f* Höhe
ama *f* **de casa** Hausfrau
amante *f/m* Geliebte(r)
ambiente *m* Ambiente
ambulancia *f* Krankenwagen
amenazar drohen
amiga *f* Freundin
amigo *m* Freund
amistad *f* Freundschaft
amor *m* Liebe
ampliar ausbauen
análisis *m* Analyse
analizar analysieren
andén *m* Bahnsteig
anestesia *f* Betäubung
anfitrión *m* Gastgeber
anguila *f* Aal
anillo *m* Ring
animal *m* Tier
animar anregen
anorak *m* Anorak
anotar aufschreiben, notieren
antibiótico *m* Antibiotikum

antigüedad *f* Antike
antigüedades *f pl*
　Antiquititäten
año *m* Jahr(gang)
aparcamiento *m* Parkplatz
aparcar parken
apariencia *f* Anschein
apartamento *m* Apartment
apartar abschieben
apellido *m* Familienname,
　Nachname
apetito *m* Appetit
apretar drücken
árbol *m* Baum
arena *f* Sand
argumento *m* Argument
armario *m* Schrank
arquitecto *m* Architekt
arquitectura *f* Architektur
arroyo *m* Bach
arroz *m* Reis
articulación *f* Gelenk
asado *m* Braten
ascensor *m* Aufzug
asegurar absichern,
　versichern
asiento *m* Sitz
aspirina *f* Aspirin
asunto *m* Angelegenheit
ataque *m* Anfall
atasco *m* Stau
ataúd *m* Sarg

atlántico *m* Atlantik
atraco *m* Überfall
auge *m* Aufschwung
aumento *m* **de precios** Preiserhöhung
autobús *m* Bus, Omnibus
autobús *m* **de viajes** Reisebus
automóvil *m* **club** Automobilklub
autopista *f* Autobahn
autoridad *f* Behörde
autorización *f* Genehmigung
autotrén *m* Autoreisezug
avellana *f* Haselnuss
avería *f* Panne
avería *f* **del motor** Motorschaden
aves *f pl* Geflügel
avión *m* Flugzeug
avión *m* **chárter** Chartermaschine
avisar anmelden, benachrichtigen
aviso *m* Anmeldung, Anzeige, Warnung
ayuda *f* Hilfe
ayudante *m* Helfer
ayudar helfen
ayuntamiento *m* Rathaus
azúcar *m* Zucker
azul blau

B

babor *m* Backbord
baile *m* Tanz
baja *f* Abmeldung
bajada *f* Abstieg
bajo leise, niedrig
balanza *f* Waage
balcón *m* Balkon
bañador *m* Badehose
bañarse baden
banco *m* Bank
bañero *m* Bademeister
baño *m* Bad, Toilette
barato billig
barca *f* Boot
bastar genügen
basura *f* Abfall, Müll
batería *f* Batterie
bebé *m* Baby
bebida *f* Getränk
besar küssen
beso *m* Kuss
biblia *f* Bibel
biblioteca *f* Bibliothek
bicicleta *f* Fahrrad
bidón *m* **de gasolina** Benzinkanister
billete *m* Fahrkarte, Geldschein, Schein
billete *m* **de ida y vuelta** Rückfahrkarte
blanco weiß

blando weich
blusa f Bluse
boca f Mund
boda f Hochzeit
bogavante m Hummer
bolígrafo m Kugelschreiber
bolso m Tasche
bolso m **de mano** Handtasche
bomberos m pl Feuerwehr
bombilla f Glühbirne
borracho betrunken
bote m **neumático**
  Schlauchboot
botella f Flasche
botón m Knopf
brazo m Arm
brocha f **de afeitar** Rasierpinsel
bucear tauchen
bujía f Zündkerze
bungalow m Bungalow
buque m **de pasajeros**
  Passagierschiff
buscar suchen
búsqueda f Suche
buzón m Briefkasten

C

caballo m Pferd
cabeza f Kopf
cabina f Kabine
cabina f **interior** Innenkabine
cacahuete m Erdnuss

cacao m Kakao
cadena f Kette
caer fallen
café m Café, Kaffee
cafetera f Kaffeekanne
caída f Absturz
caja f Kasse
calcular rechnen
cálculo m Berechnung
calefacción f Heizung
calendario m Kalender
calidad f Qualität
caliente warm
calle f Straße
calle f **de dirección única**
  Einbahnstraße
calle f **principal** Hauptstraße
calmante m Beruhigungsmittel
calzada f Fahrbahn
cama f Bett
camarero m Bedienung
camarero/-a m/f Kellner/in
cambiar ändern, wechseln
cambio m Geldwechsel
camino m Weg
campesino m Bauer
camping m Camping
campo m Feld
canal m Kanal
canción f Lied
caos m Chaos
capital f Hauptstadt

cara *f* Gesicht
carácter *m* Charakter
caramelos *m pl* Bonbons
caravana *f* Campingwagen
carga *f* Belastung
cargar laden
carne *f* Fleisch
carne *f* **de cerdo**
  Schweinefleisch
carne *f* **de vaca** Rindfleisch
carné *m* **de albergue**
  Herbergsausweis
carné *m* **de camping**
  Campingausweis
carné *m* **de identidad** Ausweis
carné *m* **de vacunación**
  Impfpass
carnicero *m* Metzger
caro teuer
carrera *f* Karriere
carta *f* Brief
cartel *m* Plakat
cartero *m* Briefträger
cartón *m* Karton
casa *f* Haus
casarse heiraten
castillo *m* Burg
casualidad *f* Zufall
catálogo *m* Katalog
cava *m* Sekt
caza *f* Jagd
cebolla *f* Zwiebel

celebrar feiern
celoso eifersüchtig
cementerio *m* Friedhof
cena *f* Abendessen
cenicero *m* Aschenbecher
centímetro *m* Zentimeter
centro *m* **comercial**
  Einkaufszentrum
centro *m* **de la ciudad**
  Stadtzentrum
centro *m* **urbano** Innenstadt
cepillo *m* **de dientes**
  Zahnbürste
cepillo *m* **para el pelo**
  Haarbürste
cerado geschlossen
cercano nah
cereales *m pl* Getreide
cerezas *f pl* Kirsche
certificado *m* Attest
cerveza *f* Bier
champú *m* Haarshampoo
chaqueta *f* Jacke, Jackett
cheque *m* Scheck
chica *f* Mädchen
chimenea *f* Kamin
chiste *m* Witz
chocar auffahren
chocolate *m* Schokolade
ciclista *m* Radfahrer
cielo *m* Himmel
cifra *f* Zahl, Ziffer

cigarrillo *m* Zigarette
cine *m* Kino
cinta *f* Band
cinturón *m* Gürtel
cinturón *m* **de seguridad**
  Sicherheitsgurt
circulación *f* Kreislauf
círculo *m* Kreis
ciruela *f* Pflaume
cirujano *m* Chirurg
cita *f* Termin
citarse verabreden
ciudad *f* Stadt
claro hell
clase *f* Klasse
clima *m* Klima
clínica *f* Klinik
club *m* Club
club *m* **nocturno** Nachtclub
coche *m* Auto
coche *m* **de policía**
  Polizeiwagen
cocina *f* Herd, Küche
cocinar kochen
cocinero *m* Koch
coco *m* Kokosnuss
codo *m* Ellbogen
colchón *m* **hinchable** Luftmatratze
coliflor *f* Blumenkohl
color *m* Farbe
color de pelo *m* Haarfarbe

columna *f* **vertebral**
  Wirbelsäule
comenzar beginnen
comer essen
comercio *m* Handel
comercio *m* **al por menor**
  Einzelhandel
comida *f* Essen, Lebensmittel,
  Verpflegung, Mittagessen
comienzo *m* **del año**
  Jahresbeginn
comienzo *m* Anfang, Start
comisaría *f* Polizeirevier
comisión *f* Provision
compañía *f* **aérea** Fluggesellschaft
compás *m* Kompass
comportarse benehmen
comprar einkaufen, kaufen
compresa *f* Damenbinde
comprobación *f* Feststellung
comprobar feststellen
comunidad *f* Gemeinschaft
con mit
conciencia *f* Gewissen
concierto *m* Konzert
condición *f* Bedingung
condón *m* Kondom
conducir fahren
conductor *m* Fahrer
conectar einschalten, verbinden
conexión *f* Anschluss

conferencia *f* Ferngespräch
conferencia *f* **urbana** Ortsgespräch
conmoción *f* **cerebral** Gehirnerschütterung
conmovido ergriffen
conocer kennen
conocido *m* Bekannter
conocimiento *m* Kenntnisse
conseguir erreichen
consejo *m* Rat
consigna *f* Gepäckaufbewahrung
constipado *m* Schnupfen
construir bauen
consulado *m* Konsulat
consultorio *m* Praxis
contenido *m* Inhalt
continuación *f* Fortsetzung
contrario *m* Gegenteil
contraste *m* Gegensatz
contribución *f* Beitrag
contribuir beitragen
control *m* **de aduana** Zollkontrolle
control *m* **de pasaporte** Passkontrolle
convencer überzeugen
conversación *f* Gespräch, Unterhaltung
copa *f* **de helado** Eisbecher
copia *f* Abzug

corazón *m* Herz
corbata *f* Krawatte
cordel *m* Bindfaden
cordero *m* Lamm
correo *m* **aéreo** Luftpost
Correos *m pl* Post
correr laufen
corresponder a entsprechen
corrida *f* Stierkampf
cortar schneiden, abschneiden
cosa *f* Ding, Sache
coser annähen
costa *f* Küste
crecer wachsen
creencia *f* Glaube
creer glauben
crema *f* **de afeitar** Rasiercreme
cremallera *f* Reißverschluss
crimen *m* Verbrechen
cristal *m* Glas
cristianismo *m* Christentum
Cristo Christus
cruce *m* Kreuzung
crucero *m* Kreuzfahrt
cuadrado *m* Quadrat
cuadro *m* Bild
cualidad *f* Eigenschaft
cuarentena *f* Quarantäne
cuarto *m* **de baño** Badezimmer
cubiertos *m pl* Besteck

cubo *m* Eimer
cubo *m* **de basura**
  Mülleimer
cuchara *f* Löffel
cuchillo *m* Messer
cuenta *f* Rechnung
cuenta *f* **del banco**
  Bankkonto
cuerda *f* Leine
cuerpo *m* Körper
cueva *f* Höhle
cuidado *m* Achtung, Pflege,
  Vorsicht
cuidar pflegen
culpa *f* Schuld
cultivo *m* Anbau
cumpleaños *m* Geburtstag
cuna *f* Kinderbett
cura *f* Kur
curiosidad *f* Neugier
curso *m* Kurs

D
dama *f* Dame
dañar schaden
dar geben
dar por resultado ergeben
darse de baja abmelden
dátiles *m pl* Datteln
datos *m pl* **personales**
  Personalien
debate *m* Debatte

deber *m* Pflicht
década *f* Jahrzehnt
decidir beschließen,
  bestimmen, entscheiden
decir sagen
decisión *f* Entscheidung
de color lila lila
dedo *m* Finger
dedos *m pl* **del pie** Zehen
defensa *f* Abwehr
dejar hinterlassen, abstellen,
  lassen
deletrear buchstabieren
delgado dünn
democracia *f* Demokratie
demostrar beweisen
deponer ablegen
deporte *m* Sport
depositar absetzen,
  hinterlegen
derecho *m* Recht
derecho *m* **de exportación**
  Ausfuhrzoll
derechos *m pl* **de alquiler**
  Leihgebühr
derechos *m pl* Rechte
desarrollo *m* Entwicklung
desayunar frühstücken
desayuno *m* Frühstück
descafeinado koffeinfrei
descansar ruhen
desconectar ausschalten

descripción *f* Beschreibung
descubrimiento *m* Entdeckung, Erfindung
desear wünschen
deseo *m* Anliegen, Wunsch
desinfectante *m* Desinfektionsmittel
desodorante *m* Deodorant
despedida *f* Abschied
despedir entlassen, verabschieden
despedirse sich verabschieden
despertador *m* Wecker
despertar wecken
destinatario *m* Empfänger
desventaja *f* Nachteil
detalle *m* Geste
día *m* Tag
día del año *m* Jahrestag
día festivo *m* Feiertag
diabético *m* Diabetiker
diagnóstico *m* Diagnose
diapositiva *f* Dia
diarrea *f* Durchfall
diccionario *m* Wörterbuch
diciembre *m* Dezember
diente *m* Zahn
diesel *m* Diesel
dieta *f* Diät, Diätkost
diferencia *f* Differenz
dinero *m* Geld
dinero *m* **en efectivo** Bargeld

dinero *m* **suelto** Kleingeld
Dios *m* Gott
diplomático *m* Diplomat
dirección *f* Adresse
directo direkt
discoteca *f* Diskothek
disculpa *f* Entschuldigung
disculparse entschuldigen
discurso *m* Rede
discutir diskutieren
disfrutar genießen
disparar schießen
dispendio *m* Aufwand
disponer anordnen
disposición *f* Anlage
distancia *f* Abstand, Entfernung
distrito *m* Bezirk
divertirse amüsieren
docena *f* Dutzend
doctor *m* Doktor
documentación *f* Papiere
dolor *m* Schmerz
dolor *m* **de cabeza** Kopfschmerzen
dolor *m* **de muelas** Zahnschmerzen
dominar beherrschen
dormir schlafen
dormirse einschlafen
drama *m* Drama
droguería *f* Drogerie

ducha *f* Dusche
dueño *m* Besitzer
duración *f* Dauer
durar dauern
duro hart

E
echar gießen
echar de menos vermissen
edad *f* Alter
edificio *m* Gebäude
educadora *f* Kindergärtnerin
efecto *m* **secundario** Nebenwirkung
ejemplo *m* Beispiel
ejercicio *m* Übung
elección *f* Wahl
electricista *m* Elektriker
electrónica *f* Elektronik
elegir wählen
embajada *f* Botschaft
embajador *m* Botschafter
embarazada schwanger
emergencia *f* Not
empaquetar packen, einpacken
empezar starten
empleado *m* Angestellter/
Arbeitnehmer
emplear anwenden
empresa *f* Firma
enamorarse verlieben
encanto *m* Charme

encendedor *m* Feuerzeug
enchufe *m* Steckdose
enchufe *m* **intermedio** Zwischenstecker
encontrar finden, begegnen
encontrarse befinden
endibia *f* Chicoree
energía *f* Energie
enero *m* Januar
enfermedad *f* Erkrankung,
Krankheit
enfermera *f* Krankenschwester
ensalada *f* Salat
entrada *f* Einfahrt, Eingang,
Einreise, Eintritt
entrar eintreten
entrega *f* Abgabe
entregar abgeben, übergeben
entrevista Interview
entusiasmarse por sich
begeistern für
enviar schicken, abschicken
equipaje *m* **de mano** Handgepäck
equipaje *m* Gepäck
equipo *m* **de buceo** Taucherausrüstung
equivocación *f* Irrtum
error *m* Fehler
escalera *f* Treppe
escena *f* Auftritt
escenario *m* Bühne

escuchar hören
escuela *f* Schule
escuela *f* **de navegación**
  Segelschule
esfuerzo *m* Mühe
espárrago *m* Spargel
especia *f* Gewürz
especialista *m* Facharzt
espectador *m* Zuschauer
espejo *m* Spiegel
espera *f* Erwartung
esperar erwarten, hoffen,
  warten, abwarten
espinaca *f* Spinat
esquí *m* Ski
esquina *f* Ecke
estación *f* Bahnhof, Hauptbahnhof, Jahreszeit
estado *m* Familienstand
estafa *f* Betrug
estancia *f* Aufenthalt
estar de pie stehen
estar echado liegen
Este *m* Osten
estómago *m* Magen
estrella *f* Stern
euro *m* Euro
Europa *f* Europa
exagerar übertreiben
examinar nachsehen, prüfen
exceso *m* **de equipaje**
  Übergepäck

excitación *f* Reiz
excursión *f* Ausflug
existencia *f* Existenz
éxito *m* Erfolg
experiencia *f* Erfahrung
experimento *m* Experiment
experto *m* Experte
explosión *f* Explosion
exponer aussetzen
exposición *f* Ausstellung
expulsión *f* Abschiebung
extender erweitern
extensión *f* Erweiterung
extintor *m* Feuerlöscher

F

fábrica *f* Fabrik
falda *f* Rock
familia *f* Familie
farmacia *f* Apotheke
febrero *m* Februar
fecha *f* Datum
felicitación *f* Glückwunsch
felicitar gratulieren
ferrocarril *m* Bahn, Eisenbahn
ferry *m* Fähre
festival *m* Festival
fiebre *f* Fieber
fiesta *f* Feier, Fest, Party
figura *f* Figur
fila *f* Reihe
fin *m* Ende

fin *m* **de semana** Wochenende
final *m* **de año** Jahresende
finalizar enden
finanzas *f pl* Finanzen
flor *f* Blume
fondo *m* Hintergrund
forma *f* Form, Gestalt
formación *f* Bildung,
  Ausbildung
formar parte de dazugehören
formar gestalten
foto *f* Foto
fotografiar fotografieren
frambuesa *f* Himbeere
franquear frankieren, freimachen
franqueo *m* Porto
frenar bremsen
freno *m* Bremse
freno *m* **de emergencia**
  Notbremse
freno *m* **de mano** Handbremse
fresa *f* Erdbeere
frío kalt
frontera *f* Grenze
fruta *f* Obst
frutería *f* Obstgeschäft
fuego *m* Feuer
fuente *f* Brunnen, Quelle,
  Schüssel
fuente *f* **de salud** Heilquelle
fuerza *f* Kraft

fumador *m* Raucher
fumar rauchen
funcionar funktionieren
funcionario *m* Beamter
funda *f* Brillenetui
fútbol *m* Fußball
futuro *m* Zukunft

G

gafas *f pl* Brille
gafas *f pl* **de sol** Sonnenbrille
galleta *f* Keks
gallo *m* Hahn
gamba *f* Garnele
ganancia *f* Gewinn
ganas *f pl* Lust
ganso *m* Gans
garaje *m* Garage
garantía *f* Garantie
garantizar garantieren
gas *m* Gas
gasolina *f* Benzin
gasolinera *f* Tankstelle
gastos *m pl* Kosten, Nebenkosten
gente *f* Leute
ginecólogo *m* Frauenarzt
girar abbiegen
globo *m* Globus
gobernar regieren
gobierno *m* Regierung
gol *m* Tor

golf *m* Golf
golosina *f* Süßigkeit
gorro *m* **de baño** Badekappe
gotear tropfen
gramo *m* Gramm
grande groß
granizo *m* Hagel
grasa *f* Fett
gritar schreien
grosellas *f pl* Johannisbeeren
grúa *f* Abschleppwagen
grupo *m* Gruppe
guante *m* Handschuh
guardar behalten, bewahren,
aufbewahren
guardarropa *m* Garderobe
guía *m* Fremdenführer,
Reiseführer
guía *f* **telefónica** Telefonbuch
guía *m* **turístico** Reiseleiter
guiar führen
gustar mögen

H
habitación *f* Zimmer
habitación *f* **doble** Doppelzimmer
habitación/espacio *f/m* Raum
habitación *f* **individual** Einzelzimmer
habitación *f* **privada** Privatzimmer

habitante *m* Bewohner
hablar reden, sprechen
hacer tun, machen
hacer daño weh tun
hacer falta fehlen
hall *m* Hotelhalle
hamaca *f* Hängematte
hambre *m* Hunger
helada *f* Frost
heladería *f* Eisdiele
helado *m* Eis
helicóptero *m* Hubschrauber
herida *f* Wunde
hermana *f* Schwester
hermano *m* Bruder
héroe *m* Held
hierbas *f pl* Kräuter
higo *m* Feige
hija *f* Tochter
hijo *m* Sohn
historia *f* Geschichte
hogar *m* Heim
hoja *f* **de afeitar** Rasierklinge
hoja *f* Blatt
hombre *m* Mann
hombro *m* Schulter
hora *f* Uhr
hora *f* **de consulta** Sprechstunde
horario *m* Fahrplan
horario *m* **de vuelos** Flugplan

horas *f pl* **de apertura**
Öffnungszeiten
horas *f pl* **de visita** Besuchszeit
hospital *m* Krankenhaus
hotel *m* Hotel
hueso *m* Knochen
huevo *m* Ei
humo *m* Rauch
humor *m* Humor

I

idea *f* Idee
identificar identifizieren
idioma *m* Sprache
iglesia *f* Kirche
ilusión *f* Illusion
ilustración *f* Abbildung
impedir abhalten
impermeable *m* Regenmantel
importación *f* Import
importe *m* Betrag
impresionante beeindruckend
incendio *m* Brand
indicación *f* Angabe, Hinweis
indicador *m* **de camino**
Wegweiser
indicar angeben
inflamación *f* Entzündung
información *f* **turística**
Touristeninformation
información *f* Auskunft,
Information

informar informieren,
berichten, benachrichtigen
informe *m* Bericht
inscribir eintragen
insecticida *m* Insektenmittel
insectos *m pl* Insekten
institución *f* Einrichtung
instituto *m* Gymnasium,
Institut
inteligencia *f* Intelligenz
intención *f* Absicht
interés *m* Interesse, Mitgefühl
interesarse por sich
interessieren für
interior *m* Inland
internista *m* Internist
intérprete *m* Dolmetscher
interrumpir abbrechen
interruptor *m* Lichtschalter
intestino *m* Blinddarm, Darm
investigación *f* Forschung
invitación *f* Einladung
invitado *m* Gast
invitar einladen
inyección *f* Injektion
ir gehen
ir a buscar holen
isla *f* Insel

J

jabón *m* Seife
jardín *m* Garten

jarra *f* Kanne
jarrón *m* Vase
jefe *m* Chef
jersey *m* Pullover
jinete *m* Reiter
jornada *f* **laboral** Arbeitszeit
joven *m* Junge
joyas *f pl* Schmuck
joyero *m* Juwelier
judía *f* Bohne
jueves *m* Donnerstag
juguete *m* Spielzeug
julio *m* Juli
junio *m* Juni
justificante *m* Beleg
justificar rechtfertigen
juzgar beurteilen

K

kilo *m* Kilo
kilómetro *m* Kilometer

L

labio *m* Lippe
ladrón *m* Einbrecher
lago *m* See
lamentar beklagen
lana *f* Wolle
lancha *f* **motora** Motorboot
lápiz *m* Bleistift
largo lang
lata *f* Dose

lavabo *m* Waschbecken
laxante *m* Abführmittel
leche *f* Milch
lechuga *f* Kopfsalat
legal rechtlich
legítima *f* **defensa** Notwehr
lejanía *f* Ferne
lejano weit
lengua *f* **materna** Muttersprache
lengua *f* Zunge
lentillas *f pl* Kontaktlinsen
lento langsam
lesionar verletzen
ley *f* Gesetz
libertad *f* Freiheit
libre frei
libro *m* Buch
licencia *f* **de caza** Jagdschein
limón *m* Zitrone
limpiador *m* Putzmittel
limpiar putzen, reinigen
limpieza *f* Reinigung
limpio sauber
linterna *f* Taschenlampe
liquidación *f* Abrechnung
litro *m* Liter
llamada *f* Anruf, Ruf
llamamiento *m* Aufruf
llamar anrufen, nennen, rufen, klopfen
llamarse heißen

llaves f pl **del coche** Autoschlüssel
llaves f pl Hausschlüssel,
Schlüssel
llegada f Ankunft
llegar ankommen
llevar tragen, bringen
llevar retraso Verspätung
haben
llorar weinen
llover regnen
lluvia f Regen
loar loben
local m Kneipe
locomotora f Lokomotive
lucha f Kampf
lugar m **de nacimiento**
Geburtsort
lugar m Platz, Ort
luna f Mond
luz f Licht

M

madera f Holz
madre f Mutter
maíz m Mais
mal de mar m Seekrankheit
mala suerte f Pech
maleta f Koffer
maletero m Kofferraum
mañana f Morgen
mancha f Fleck

mandarina f Mandarine
manera f Art
manga f Ärmel
manifestación f
Demonstration
mano f Hand
manta f Bettdecke, Decke
mantequilla f Butter
manzana f Apfel
mapa m Landkarte
mapa m **de carreteras**
Straßenkarte
máquina f **fotográfica**
Fotoapparat
mar m Meer
marco m Rahmen
marea f Flut
mareo m Luftkrankheit
margarina f Margarine
marido m Ehemann
martillo m Hammer
marzo m März
matar töten
material m Material
matrícula f Nummernschild
mayo m Mai
media f **pensión** Halbpension
medicamento m Arzneimittel,
Medikamente
médico m Arzt
médico m **jefe** Chefarzt
medio m Mitte

medio kilo *m* Pfund
mediodía *m* Nachmittag
medir messen
medusas *f pl* Quallen
melocotón *m* Pfirsich
melón *m* Melone
mencionar erwähnen
menstruación *f* Menstruation
mentir lügen
menú *m* Speisekarte
mercado *m* Markt
mermelada *f* Marmelade
mes *m* Monat
mesa *f* Tisch
metro *m* U-Bahn, Meter
mezclar mischen
miedo *m* Angst
miel *f* Honig
miércoles *m* Mittwoch
milenio *m* Jahrtausend
milla *f* Meile
minusválido behindert
minuto *m* Minute
mirar anschauen, ansehen,
  blicken
mitad *f* Hälfte
molestar stören
momento *m* Augenblick,
  Moment
moneda *f* Münze
monedero *m* Portemonnaie
montaña *f* Berg

montar a caballo reiten
montón *m* Haufen
monumento *m* Sehens-
  würdigkeit, Denkmal
morder beißen
mosca *f* Fliege
mosquito *m* Mücke
mostaza *f* Senf
mostrar zeigen
motivo *m* Grund
moto *f* Motorrad
motor *m* Motor
mover rücken, bewegen
móvil *m* Handy
movimiento *m* Bewegung
mozo *m* Gepäckträger
mueble *m* Möbel
mujer *f* Frau, Ehefrau
municipio *m* Gemeinde
museo *m* Museum
música *f* Musik
músico *m* Musiker

N

nacer entstehen
nacimiento *m* Geburt
nación *f* Nation
nacionalidad *f* Nationalität,
  Staatsangehörigkeit
nadar schwimmen
naranja *f* Apfelsine, Orange
nariz *f* Nase

naturaleza f Natur
navaja f Taschenmesser
navegar segeln
Navidad f Weihnachten
necesitar brauchen
negar bestreiten
negativa f Absage
negociar handeln
negocio m Geschäft
negro schwarz
nervio m Nerv
neumático m Reifen
nevar schneien
nevera f Kühlschrank
niebla f Nebel
nieta f Enkelin
nieto m Enkel
nieve f Schnee
niño m Kind
no entenderse missverstehen
no fumador m Nichtraucher
noche f Nacht
nombre m Name, Vorname
norte m Norden
notar merken
noticia f Nachricht
novela f Roman
noviembre m November
nuevo neu
nuez f Nuss, Walnuss
número m Nummer, Anzahl

número m **de casa** Hausnummer
número m **de teléfono** Rufnummer

O

obras f pl Bauarbeiten, Baustelle
observación f Bemerkung
observar beachten, beobachten
obtener erzielen
ocasión f Gelegenheit
octubre m Oktober
oculista m Augenarzt
ocupar beziehen
ocuparse de befassen
oferta f Angebot
oficina f **de correos** Postamt
oficina f **de objetos perdidos** Fundbüro
oficina f Amt, Büro
ofrecer anbieten, bieten
ojalá hoffentlich
ojo m Auge
oler riechen
olvidar vergessen
ópera f Oper
operación f Operation
operar operieren
opinar meinen
opinión f Meinung

óptico *m* Optiker
orden *f* Befehl, Gebot
ordenador *m* Computer
ordenar ordnen
oreja *f* Ohr
organización *f* Organisation
organizar organisieren
órgano *m* Organ
orientación *f* Orientierung
orientarse orientieren
original *m* Original
orilla *f* Ufer
orquesta *f* Orchester
oscuro dunkel
ostras *f pl* Austern
otoño *m* Herbst
oveja *f* Schaf

P

paciencia *f* Geduld
paciente *m* Patient
padre *m* Vater
padres *m pl* Eltern
pagar zahlen, bezahlen,
　auszahlen
pagar aduana verzollen
pago *m* Anzahlung, Bezahlung
país *m* Land
paisaje *m* Landschaft
palabra *f* Wort
pan *m* Brot
panadería *f* Bäckerei

panadero *m* Bäcker
panecillo *m* Brötchen
pánico *m* Panik
panorama *m* Aussicht
pantalón *m* Hose
pantalones *m pl* **cortos** Shorts
pañuelo *m* Taschentuch
pañuelo *m* **de papel** Papier-
　taschentuch
papel *m* Papier
papel *m* **higiénico** Toiletten-
　papier
paquete *m* Packung, Paket
para für, um, zu
parada *f* Haltestelle,
　Bushaltestelle
paraguas *m* Regenschirm
parar anhalten
pared *f* Wand
pareja *f* Paar
parking *m* Parkhaus
parque *m* Park
parque *m* **nacional**
　Nationalpark
parqué *m* Parkett
párrafo *m* Absatz
párroco *m* Pfarrer
parte *f* **antigua** Altstadt
parte *f* Teil, Anteil
parte *f* **posterior** Rückseite
participar mitmachen
partir abreisen

pasajero *m* Passagier
pasaporte *m* Pass, Reisepass
pasar geschehen, passen
pasar cuentas abrechnen
Pascua *f* Ostern
pasear spazieren gehen
paseo *m* **en barca**
  Bootsfahrt
pasillo *m* Gang
paso *m* Durchfahrt, Durchgang,
  Schritte
paso *m* **de cebra** Zebrastreifen
paso *m* **de peatones**
  Fußgängerübergang
pasta *f* **dental** Zahnpasta
pastas *f pl* Nudel
pastel *m* Kuchen
pastor *m* Pastor
patata *f* Kartoffel
patatas *f pl* **fritas** Pommesfrites
patín *m* **acuático** Tretboot
patio *m* Hof
pato *m* Ente
patria *f* **natal** Heimatstadt
patria *f* Heimat
pausa *f* Pause
pavo *m* Pute
paz *f* Frieden
peatón *m* Fußgänger
pecho *m* Brust
pediatra *m* Kinderarzt
pedido *m* Bestellung

pedir fordern, bitten,
  anfordern, beantragen
pegar schlagen
peinado *m* Frisur
pelar schälen
película *f* Film
peligro *m* Gefahr
pelo *m* Haare
pelota *f* Ball
peluquero *m* Friseur
pendiente *m* Ohrring
pensión *f* Pension
pensión *f* **completa**
  Vollpension
pensionista *m* Rentner
Pentecostés *m* Pfingsten
pepino *m* Gurke
pequeño klein
pera *f* Birne
percha *f* Kleiderbügel
perder verlieren
pérdida *f* Verlust
perdón *m* Verzeihung
perdonar verzeihen
perejil *m* Petersilie
perfumería *f* Parfümerie
periódico *m* Zeitung
periodista *m/f* Journalist/in
permiso *m* **de conducir**
  Führerschein
permitir dürfen
perro *m* Hund

perseguir verfolgen
persona *f* Mensch, Person
personal *m* Personal
pertenecer gehören
pesadilla *f* Alptraum
pesca *f* Angelsport
pescar angeln
peso *m* Gewicht
pez/pescado *m* Fisch
pianista *m/f* Pianist/in
picnic *m* Picknick
pie *m* Fuß
piedra *f* Stein
piel *f* Haut, Leder
pierna *f* Bein
píldora *f* Pille
piloto *m/f* Pilot/in
pimienta *f* Pfeffer
pimiento *m* Paprika
piña *f* Ananas
pincel *m* Pinsel
pintor *m* Maler
pipa *f* Pfeife
pisar treten
piscina *f* **al aire libre** Freibad
piscina *f* **cubierta** Hallenbad
piso *m* Etage
placa *f* Plakette, Platte
plan *m* Plan
planchar bügeln
planeta *m* Planet
plano *m* **de ciudad** Stadtplan

planta *f* **baja** Erdgeschoss
planta *f* Pflanze
plástico *m* Plastik
plátano *m* Banane
plato *m* Teller
playa *f* **de arena** Sandstrand
plaza *f* **de toros** Arena
pobre arm
pobreza *f* Armut
poder *m* Gewalt, Können
poeta *m* Dichter
policía *f* Polizei
político *m* Politiker
pomelo *m* Grapefruit
poner anlegen/legen
por ciento Prozent
porción *f* Portion
portero *m* Pförtner, Portier
posibilidad *f* Chance, Möglichkeit
posición *f* Position
practicar betreiben
precio *m* Preis
precio *m* **global** Pauschalpreis
prefijo *m* Vorwahl
pregunta *f* Anfrage, Frage
preguntar fragen
prensa *f* Presse
presentación *f* Ansage
presentarse sich melden
presentimiento *m* Ahnung

presentir ahnen
prestar ausleihen, leihen
prima *f* Cousine
primavera *f* Frühling
privado privat
primo *m* Cousin
principiante *m* Anfänger
principio *m* Prinzip
prioridad *f* Vorfahrt
primeros auxilios *m pl* erste Hilfe
probarse anprobieren
problema *m* Problem
proceder agieren
producción *f* Herstellung
producir erstellen, erzeugen
producto *m* Produkt
productor *m* Hersteller
profesión *f* Beruf
profesionales *m pl* Fachleute
profesor *m* Lehrer
programa *m* Programm
prohibición *f* de estacionamiento Parkverbot
prohibición *f* de parar Halteverbot
prometida *f*/-o *m* Verlobte/r
pronóstico *m* Prognose
pronunciar aussprechen
propina *f* Trinkgeld
prospecto *m* Prospekt
protección *f* Schutz, Sicherung

protección *f* de la naturaleza Naturschutz
prótesis *f* Prothese, Zahnprothese
protesta *f* Protest
proximidad *f* Nähe
proyecto *m* Projekt
prueba *f* Beweis, Probe
publicación *f* Bekanntgabe
público *m* Publikum
pueblo *m* Dorf
puerta *f* Tür, Haustür
puerto *m* Hafen, Hafenstadt
puesta *f* de sol Sonnenuntergang
pulgar *m* Daumen
pulmón *m* Lunge
punto *m* Punkt
punto *m* de partida Ausgangspunkt
puntualidad *f* Pünktlichkeit

Q

quedarse bleiben
quedarse dormido verschlafen
quejarse sich beschweren
quemadura *f* Sonnenbrand
quemar verbrennen
querer wollen
queso *m* Käse
química *f* Chemie
quitar abnehmen, entfernen

R

radio *f* Funk, Radio
ramo *m* **de flores**
  Blumenstrauß
rango *m* Rang
rápido schnell
rata *f* Ratte
rayo *m* Blitz
reacción *f* Reaktion
reaccionar reagieren
realizar abwickeln, realisieren
rebaja *f* Ermäßigung
recargo *m* **de temporada**
  Saisonzuschlag
recepción *f* Empfang,
  Rezeption
receta *f* Rezept
recibir bekommen
recibo *m* Quittung
reclamación *f* Beanstandung
recoger abholen
recomendar empfehlen
recompensa *f* Belohnung
reconocer erkennen
recordar erinnern
recuerdo *m* Andenken
recuperar nachholen
red *f* Netz
reducción *f* **de precios** Preisermäßigung
reducir reduzieren
reexpedir nachsenden

referirse a sich beziehen auf
regalo *m* Geschenk
región *f* Gebiet, Gegend,
  Region
regla *f* Regel
reír lachen
relación *f* Beziehung
relajación *f* Entspannung
religión *f* Religion
rellenar ausfüllen
reloj *m* **de pulsera**
  Armbanduhr
remitente *m* Absender
remolcar abschleppen
reparación *f* Reparatur
reparar reparieren
representar aufführen,
  darstellen
República *f* **Federal de
  Alemania** Bundesrepublik
  Deutschland
repuesto *m* Ersatzteil
resbalar rutschen
rescate *m* Rettung
reserva *f* Buchung,
  Reservierung
reserva *f* **de asiento** Platzkarte
reserva *f* **natural** Naturschutzgebiet
reservar belegen, buchen,
  reservieren
respeto *m* Respekt

respirar atmen
responder antworten, beantworten
respuesta *f* Antwort, Bescheid
restaurante *m* Restaurant
resultado *m* Ergebnis, Resultat
retener halten
retirar entziehen
reto *m* Herausforderung
revista *f* Illustrierte, Zeitschrift
rico reich
riesgo *m* Risiko
río *m* Fluss
rizos *m pl* Locken
robar stehlen
roca *f* Fels
rodaja *f* Scheibe
rodar drehen
rodilla *f* Knie
rojo rot
ropa *f* **de cama** Bettwäsche
ropa *f* Wäsche
roto kaputt
rueda *f* Rad
ruido *m* Krach

S

sábado *m* Sonnabend
saber bien schmecken
saber *m* Wissen, erfahren
sacacorchos *m* Korkenzieher

saco *m* **de dormir** Schlafsack
sal *f* Salz
sala *f* Saal
sala *f* **de espera** Wartesaal
salado gesalzen
salida *f* Abfahrt, Abflug, Ausgang
salida *f* **de emergencia** Notausgang
salir abfahren, ablaufen, ausgehen
salsa *f* Soße
salud *f* Gesundheit
saludar grüßen
saludo *m* Gruß
salvar retten
salvavidas *m* Schwimmweste
sangre *f* Blut
sauna *f* Sauna
secador *m* Föhn
secar trocknen
secreto *m* Geheimnis
sed *f* Durst
seguir folgen
seguridad *f* Absicherung
seguro *m* Versicherung
selectividad *f* Abitur
sello *m* Briefmarke
semáforo *m* Ampel
semana *f* Woche
señal *f* Anzeichen, Zeichen
señor *m* Herr

sentido *m* **de giro obligatorio**
Kreisverkehr
sentir bedauern, fühlen,
spüren
sentirse bien sich wohl fühlen
septiembre *m* September
serie/consecuencia *f* Folge
serpiente *f* Schlange
servicio *m* WC
servicio *m* **de caballeros**
Herrentoilette
servicio *m* **de grúa**
Abschleppdienst
servicio *m* **de señoras**
Damentoilette
servir nützen, dienen
setas *f pl* Pilze
sexo *m* Geschlecht, Sex
sierra *f* Gebirge
siglo *m* Jahrhundert
silla *f* Stuhl
sin ohne
simple einfach
sobre *m* Briefumschlag
sobrina *f* Nichte
sobrino *m* Neffe
socio *m* Mitglied, Partner
sol *m* Sonne
soledad *f* Einsamkeit
sombrero *m* Hut
sombrilla *f* Sonnenschirm
soñar träumen

sonrisa *f* Lächeln
sopa *f* Suppe
sorpresa *f* Überraschung
sótano *m* Keller
subir einsteigen
sucio schmutzig
suerte *f* Glück
sujetador *m* Büstenhalter
sujetar anschnallen
sumar addieren
superficie *f* Oberfläche
supermercado *m* Supermarkt
suprimir abschaffen
sur *m* Süden
surgir auftauchen
suspender absagen

T

tabaco *m* Tabak
taller *m* **de reparaciones**
Reparaturwerkstatt
tamaño *m* Größe
tampón *m* Tampon
taquilla *f* Schalter
tarde *f* Abend
tarifa *f* **de parking** Parkgebühr
tarjeta *f* Karte
tarjeta *f* **de crédito** Kreditkarte
tarjeta *f* **ilustrada**
Ansichtskarte
tarjeta *f* **postal** Postkarte
tasa *f* Gebühr

taza f Tasse
té m Tee
teatro m Theater
telefonear telefonieren
teléfono m Telefon
televisión f Fernseher
temperatura f Temperatur
temporada f Saison
tenedor m Gabel
tener haben
tener frío frieren
tener ganas de vomitar übel sein
tener lugar stattfinden
tener que müssen
tenis m Tennis
tensión f **arterial** Blutdruck
terminal f Endstation
terminar aufhören, abschließen
termómetro m Thermometer
ternera f Kalbfleisch
terremoto m Erdbeben
terreno m **de camping** Campingplatz
territorio m Gebiet
testigo m Zeuge
tía f Tante
ticket m **de aparcamiento** Parkschein
tiempo m Zeit

tiempo m **libre** Freizeit
tienda f **de comestibles** Lebensmittelgeschäft
tienda f Laden
Tierra f Erde
tijeras f pl Schere
tío m Onkel
tirita f Pflaster
titular m Inhaber
toalla f Handtuch
tocar berühren
toma f Einnahme
tormenta f Sturm, Gewitter
tostada f Toast
trabajador m Arbeiter
trabajar arbeiten
traducción f Übersetzung
traducir übersetzen
traer bringen
tráfico m Verkehr
tráfico m **a corta distancia** Nahverkehr
tragar schlucken
traje m Anzug
traje m **de baño** Badeanzug
tranquilidad f Ruhe
transferencia f Überweisung
tratar behandeln
tren m Zug
tren m **rápido** D-Zug
trimestre m Quartal
trineo m Schlitten

trucha *f* Forelle
trueno *m* Donner
tumbona *f* Liegestuhl
túnel *m* Tunnel
turismo *m* Tourismus
turista *m/f* Tourist
turno *m* Reihenfolge

uña *f* Nagel
urgencia *f* Notfall
utilizar benutzen

vacaciones *f pl* Ferien, Urlaub
vacuna *f* Impfung
vacunar impfen
vacuno *m* Rind
valer gelten
valle *m* Tal
vecindad *f* Nachbarschaft
vecino *m* Nachbar, Anwohner
vegetariano vegetarisch
vehículo *m* Fahrzeug
vela *f* Kerze
velero *m* Segelboot
velocidad *f* Geschwindigkeit
vena *f* Ader
venda *f* Binde
vendajes *m pl* Verbandszeug
veneno *m* Gift
venganza *f* Rache

venir kommen
ventana *f* Fenster
ventanilla *f* **de información**
  Informationsschalter
ver sehen
verano *m* Sommer
verdad *f* Wahrheit
verde grün
verdura *f* Gemüse
versión *f* Fassung
vestido *m* Kleid
vía *f* Gleis
viaje *m* Fahrt, Reise
viaje *m* **de negocios**
  Geschäftsreise
vida *f* Leben
viejo alt
viento *m* Wind
vientre *m* Bauch
vinagre *m* Essig
vino *m* Wein
visado *m* Einreisevisum
visita *f* Besichtigung
visitar besichtigen,
  besuchen
vista *f* **al mar** Meerblick
vista *f* Anblick, Ansicht,
  Blick
vivir leben, wohnen
volante *m* Lenkrad
volar fliegen
votar abstimmen

vuelo *m* Anflug, Flug
vuelta *f* Rundfahrt

Y
yate *m* Jacht
yema *f* Eigelb

Z
zapatero *m* Schuhmacher
zapato *m* Schuh
zona *f* **de no fumadores**
  Nichtraucherzone
zoo *m* Zoo
zorro *m* Fuchs
zumo *m* Frucht-, Obstsaft

marchas *f pl*
[ˈmartʃas]

manillar *m*
[maniˈʎar]

freno *m*
[ˈfreno]

sillín *m*
[siˈʎin]

timbre *m*
[ˈtimbre]

faro *m*
[ˈfaro]

cuadro *m*
[ˈkwaðro]

portaequipajes *m*
[portaekiˈpaxes]

válvula *f*
[ˈbalβula]

luz *f* **trasera**
[luθ traˈsera]

rueda *f*
[ˈrrweða]

pedal *m*
[peˈðal]

radio *m*
[ˈrraðjo]

neumático *m*
[newˈmatiko]

cadena *f* **de bicicleta**
[kaˈðena de biθiˈkleta]

guardabarros *m*
[gwardaˈβarros]

patilla *f*
[paˈtiʎa]

piña *f*
[ˈpiɲa]

sandía *f*
[sanˈdia]

uva *f*
[ˈuβa]

higo *m*
[ˈigo]

albaricoque *m*
[alβariˈkoke]

plátano *m*
[ˈplatano]

cereza *f*
[θeˈreθa]

nuez *f*
[nweθ]

grosella *f*
[groˈseʎa]

melón *m*
[meˈlon]

manzana *f*
[manˈθana]

limón *m*
[liˈmon]

kiwi *m*
[ˈkiwi]

fresa *f*
[ˈfresa]

frambuesa *f*
[framˈbwesa]

ciruela *f*
[θiˈrwela]

pera *f*
[ˈpera]

mango *m*
[ˈmaŋgo]

granada *f*
[graˈnaða]

naranja *f*
[naˈraŋxa]

fruta *f* **de la pasión**
[ˈfruta de la paˈsjon]

mandarina *f*
[mandaˈrina]

zarzamora *f*
[θarθaˈmora]

melocotón *m*
[melokoˈton]

tomate *m*
[toˈmate]

alcachofa *f*
[alkaˈtʃofa]

patata *f*
[paˈtata]

judía *f*
[xuˈðia]

pimiento *m*
[piˈmjento]

zanahoria *f*
[θanaˈorja]

berenjena *f*
[berenˈxena]

calabacín *m*
[kalaβaˈθin]

calabaza *f*
[kalaˈβaθa]

pepino *m*
[peˈpino]

rabanito *m*
[rraβaˈnito]

ensalada *f*
[ensaˈlaða]

cebolla *f*
[θeˈboʎa]

espárrago *m*
[esˈparrago]

colinabo *m*
[koliˈnaβo]

apio *m*
[ˈapjo]

brécol *m*
[ˈbrekol]

maíz *m*
[maˈiθ]

guisante *m*
[giˈsante]

champiñón *m*
[tʃampiˈɲon]

panecillo *m*
[pane'θiʎo]

pan *m*
[pan]

mantequilla *f*
[mante'kiʎa]

huevo *m*
[ˈweβo]

aceite *m*
[aˈθejte]

vinagre *m*
[biˈnagre]

sal *f*
[sal]

pimienta *f*
[piˈmjenta]

yogur *m*
[joˈgur]

pasta *f*
[ˈpasta]

arroz *m*
[aˈrroθ]

queso *m*
[ˈkeso]

embutido *m*
[embu'tiðo]

miel *f*
[mjel]

mermelada *f*
[merme'laða]

harina *f*
[a'rina]

leche *f*
['letʃe]

azúcar *m*
[a'θukar]

carne *f*
['karne]

pescado *m*
[pes'kaðo]

langosta *f*
[lan'gosta]

gamba *f*
['gamba]

vieira *f*
['bjeira]

Las bebidas

café *m*
[ka'fe]

capuchino *m*
[kapu'tʃino]

taza *f* **de chocolate**
['taθa de tʃoko'late]

té *m*
[te]

limonada *f*
[limo'naða]

agua *f* **mineral**
['agwa mine'ral]

cerveza *f*
[θer'βeθa]

cóctel *m*
['koktel]

zumo *m* **de naranja**
['θumo de na'raŋxa]

vino *m* **tinto**
['bino 'tinto]

vino *m* **blanco**
['bino 'blaŋko]

cava *m*
['kaβa]

cuchara *f*
[ku'tʃara]

tenedor *m*
[tene'ðor]

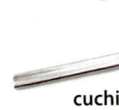

cuchillo *m*
[ku'tʃiʎo]

tenedor *m* **de postre**
[tene'ðor de 'postre]

cucharilla *f*
[kutʃa'riʎa]

plato *m* **hondo**
['plato 'onðo]

plato *m* **llano**
['plato 'ʎano]

plato *m* **de postre**
['plato de 'postre]

taza *f* **de café**
['taθa de ka'fe]

copa *m* **de vino**
['kopa de 'bino]

vaso *m* **de agua**
['baso de 'agwa]

camiseta *f*
[kamiˈseta]

blusa *f*
[ˈblusa]

camisa *f*
[kaˈmisa]

jersey *m*
[xerˈsej]

vestido *m*
[besˈtiðo]

falda *f*
[ˈfalða]

pantalones *m pl*
[pantaˈlones]

vaqueros *m pl*
[baˈkeros]

chaqueta *f*
[tʃaˈketa]

abrigo *m*
[aˈβrigo]

bañador *m*
[baɲaˈðor]

bikini *m*
[biˈkini]

cinturón *m*
[θintuˈron]

sombrero *m*
[somˈbrero]

corbata *f*
[korˈβata]

calcetín *m*
[kalθeˈtin]

zapatos *m pl*
[θaˈpatos]

sandalias *f pl*
[sanˈðaljas]

botas *f pl*
[ˈbotas]

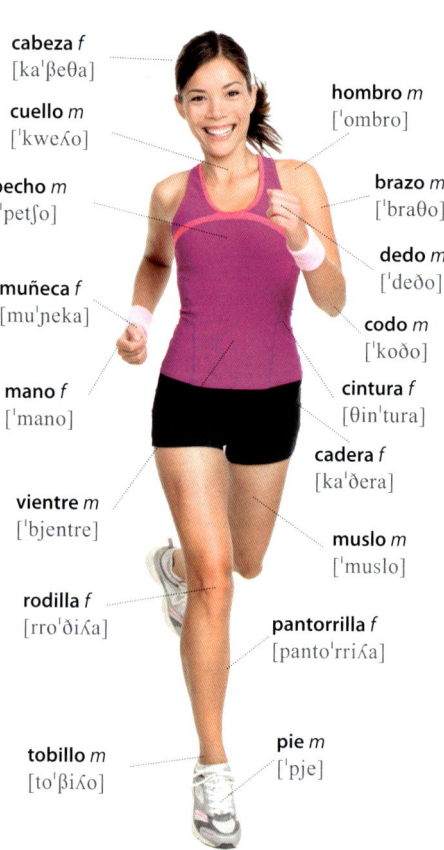

cabeza *f*
[kaˈβeθa]

cuello *m*
[ˈkweʎo]

pecho *m*
[ˈpetʃo]

muñeca *f*
[muˈɲeka]

mano *f*
[ˈmano]

vientre *m*
[ˈbjentre]

rodilla *f*
[rroˈðiʎa]

tobillo *m*
[toˈβiʎo]

hombro *m*
[ˈombro]

brazo *m*
[ˈbraθo]

dedo *m*
[ˈdeðo]

codo *m*
[ˈkoðo]

cintura *f*
[θinˈtura]

cadera *f*
[kaˈðera]

muslo *m*
[ˈmuslo]

pantorrilla *f*
[pantoˈrriʎa]

pie *m*
[ˈpje]

cabello *m*
[ka'βeʎo]

ceja *f*
['θexa]

frente *f*
['frente]

ojo *m*
['oxo]

párpado *m*
['parpaðo]

nariz *f*
[na'riθ]

oreja *f*
[o'rexa]

mejilla *f*
[me'xiʎa]

pestaña *f*
[pes'taɲa]

diente *m*
['djente]

labios *m pl*
['laβjos]

barbilla *f*
[bar'βiʎa]

gato *m*
[ˈgato]

caballo *m*
[kaˈβaʎo]

liebre *f*
[ˈljeβre]

gallina *f*
[gaˈʎina]

gallo *m*
[ˈgaʎo]

pato *m*
[ˈpato]

ratón *m*
[rraˈton]

erizo *m*
[eˈriθo]

paloma *f*
[paˈloma]

oveja *f*
[oˈβexa]

cerdo *m*
[ˈθerðo]

perro *m*
[ˈperro]

vaca *f*
[ˈbaka]

limpiaparabrisas *m*
[limpjapara'βrisas]

parabrisas *m*
[para'βrisas]

maletero *m*
[male'tero]

volante *m*
[βo'lante]

antena *f*
[an'tena]

retrovisor *m* **exterior**
[rretroβi'sor eksterj'or]

capó *m*
[ka'po]

cristal *m*
[kris'tal]

tirador *m*
de puerta
[tira'ðor de
'pwerta]

asiento *m*
[a'sjento]

matrícula *f*
[ma'trikula]

puerta *f* **del coche**
['pwerta del 'kotʃe]

parachoques *m*
[para'tʃokes]

neumático *m*
[new'matiko]

faro *m* **del coche**
['faro del 'kotʃe]